历史的 丰碑 丛书

科学家卷

20世纪的科学巨星
爱因斯坦

刘学铭 编著

吉林人民出版社

图书在版编目(CIP)数据

20 世纪的科学巨星——爱因斯坦 / 刘学铭编著 . --
长春:吉林人民出版社,2011.4 (2021.8 重印)
(历史的丰碑丛书)
ISBN 978-7-206-07659-6

Ⅰ . ① 2… Ⅱ . ①刘… Ⅲ . ①爱因斯坦,A.(1879 ~
1955)—生平事迹—青年读物②爱因斯坦,
A.(1879 ~ 1955)—生平事迹—少年读物 Ⅳ .
① K837.126.11-49

中国版本图书馆 CIP 数据核字 (2011) 第 037450 号

20 世纪的科学巨星 爱因斯坦

20SHIJI DE KEXUE JUXING AIYINSITAN

编　　著:刘学铭
责任编辑:郭雪飞　　　　封面设计:孙浩瀚
制　　作:吉林人民出版社图文设计印务中心
吉林人民出版社出版 发行(长春市人民大街7548号　邮政编码:130022)
印　刷:北京一鑫印务有限责任公司
开　本:787mm×1092mm　　1/16
印　张:8　　　　字　数:72千字
标准书号:ISBN 978-7-206-07659-6
版　次:2011年4月第1版　　印　次:2021年8月第2次印刷
定　价:35.00 元

编者的话

　　"欲知大道，必先为史"。

　　回溯人类的足迹，人们首先看到的总是那些在其各自背景和时点上标志着社会高度和进步里程的伟大人物。他们是历史的丰碑，是后世之鉴。

　　黑格尔说："无疑，一个时代的杰出个人是特性，一般说来，就反映了这个时代的总的精神。"普希金说："跟随伟大人物的思想是一门引人入胜的科学。"

　　以史为鉴，面向未来。作为21世纪的继往开来者，我们觉得，在知史基础上具有宽广的知识结构、开阔的胸襟和敏锐的洞察力应是首要的素质要求，而在历史的大背景中追寻丰碑人物的思想、风范和足迹，应是知史的捷径。

考虑到现代人时间的宝贵，我们期盼以尽量精短的篇幅容纳尽量丰富的信息，展现尽量宏大的历史画卷和历史规律。为此，我们编撰了这套丛书。

编撰丛书的过程，也是纵览历代风云、伴随伟人心路、吸收历史营养的过程。沉心于书页，我们随处感受着各历史时期伟大人物所体现的推动历史进步的人类征服力量。我们随着伟人命运及事业的坎坷与辉煌而悲喜，为他们思想的深邃精湛、行为的大气脱俗而会意感慨、拍案叫绝。

然而，在思想开始远游和精神获得享受的同时，我们也随之感受到历史脚步的沉重和历史过程的曲折。社会每前进一步都是艰难的，都伴随着巨大的痛苦和付出。历史的伟大在于它最终走向进步，最终在血污中诞生了鲜活的"婴孩"。

历史有继承性和局限性，不能凭空创造。伟人也有血肉，他们的思想、行为因此注定了同样具有历史的局限性和阶级的、时代的烙印；他们的功业建立于千千万万广大人民群众伟大创造的基础上。历史是人民群众创造的，伟大的人物们是历史和时代造就的。同时，我们也无法否定此间他们个人的努力。这也正是我们编撰这套丛书的目的。

我们期盼着这套丛书得到社会的认同，对读者，特别是青少年读者之历史感、成就感和使命感的培养有所裨益。史海浩瀚，群星璀璨。我们以对广大青少年读者负责的精神，精心遴选，以助力青少年成长进步，集结出版了《历史的丰碑》系列丛书，敬请读者批评、指正。

历史的丰碑丛书

编 委 会

在 20 世纪科学技术飞速发展、传统理论和观念不断更新的时代，人类文明的星空中，升起了一颗璀璨的巨星，他就是 20 世纪最伟大的物理学家爱因斯坦。这位出生在德国犹太人家庭的学者，以他所发现的狭义相对论、广义相对论以及由他提出多年未竟的统一场理论震古烁今，成为现代物理学的奠基人。

爱因斯坦具有向传统理论和观念挑战的胆识，是一个勇于离经叛道的科学革命者；他具有深邃的哲学思想，是一个宽宏博大的哲学家；他具有坚定的客观理性，对宇宙充满"宗教"式的感情；他具有崇高的社会责任感，是一个热爱和平的人道主义者；他形象幽默，天性纯真，作风质朴，具有完美的人格，是一个平易近人、和蔼可亲的科学伟人。

目 录

历史的丰碑丛书

物理学园地的"两朵奇葩"

科学愈是不局限于直接的主观的观察，
愈是深入到自然界的客观规律中，它就更
与人接近，它就愈富有人性。
——库兹涅佐夫

自从牛顿将经典力学进行圆满的综合，进而确立
了完整的概念体系之后，古典物理学便迎来了鼎盛时
期。到了19世纪，热力学、统计力学和电动力学也纷
纷地问世了。古典物理学在科学和技术的各个领域得
到了广泛的应用，并取得了巨大的成功：19世纪40年
代，海王星的发现，证实了根据牛顿的力学理论所做出的预言；能量守恒定律的发现，揭示了各种物质运动形式之间的转化关系，把力学、热学、电学、化学等联系在一起。这些成就使

→牛顿

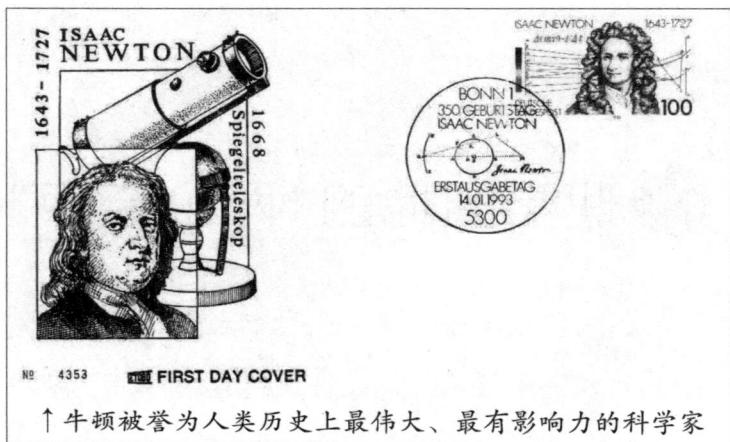
↑牛顿被誉为人类历史上最伟大、最有影响力的科学家

科学家们产生一种错觉：物理学的主要框架已经构成，牛顿的经典力学已经解决了物理学中一切基本问题，物理理论接近最后完成，物理学的工作已趋近尾声。

在被胜利冲昏头脑的物理学家们看来，根植于牛顿力学土壤中的古典理论体系是万能的，他们毫不怀疑运用牛顿力学可以解释一切物理现象。他们认为热现象与大量分子无规则机械运动的统计平均值密切相关；他们给牛顿力学本来解释不了的电磁现象，虚构了一个如同载波之水那样的物质载体——以太，把电磁现象归结于以太的机械运动。他们认为整个物理世界是由绝对不可分的原子和绝对静止的以太两种原始物质组成的。

可是，当人们站在古典物理学的顶峰，为它的辉煌的成就而振臂欢呼的时候，危机却悄然而至。

→爱因斯坦

这场危机的序幕是由以太漂移实验和黑体辐射定律的研究揭开的。前者证明以太不存在，否定了牛顿力学的崇拜者们所虚构的那种绝对静止的原始物质；后者粉碎了古典理论万能的神话，使它陷入不可克服的矛盾的困境。这两件事被开尔文称为古典物理学天空上的"两朵乌云"。不久，由于X射线、电子等一系列的发现，又推翻了"原子是绝对不可分的原始物质"的结论。至此，笼罩在古典物理学上空的就不只是"两朵乌云"了，简直是阴云密布，预示着一场物理学革命的暴风雨即将来临。

一场规模空前的物理学革命的暴风雨过后，在物理学领域里绽开了两朵奇葩：相对论和量子力学，物理学界的人们习惯地称这两种理论为"现代物理学的两大支柱"。前者说明宏观世界，后者说明微观世界。当说明人们所能感知的宏观世界的牛顿理论，在两个极端（巨速和微观）的世界里失灵时，这两种理论便取而代之，并在各自适应的领域给出了极完美的解释。

遗憾的是，这两种理论本身就十分深奥，由它们对客观世界所进行的说明和解释，更使人如坠入云雾般地虚幻迷离，绝不像运用经典理论说明我们熟知的世界时那么亲切、确实。

不过，这似乎并不妨碍我们对科学家伟大人格的理解，也不妨碍我们对他们科学业绩的评价。

众所周知，相对论的发现者是爱因斯坦。1879年3月14日他出生在德国西南的乌尔姆，一年后随全家迁居慕尼黑。爱因斯坦的父母是犹太人，父亲赫尔曼·爱因斯坦是一位温和、快乐和宽厚的小工厂主，他和爱因斯坦的叔叔雅各布·爱因斯坦合开了一个为电站和照明系统生产电机、弧光灯和电工仪表的电器工厂。母亲玻琳是受过中等教育的家庭妇女，非常喜欢音乐，在爱因斯坦6岁时就教他拉小提琴。

爱因斯坦和牛顿一样并不早慧，他到3岁还不会说话，这令父母

← 童年爱因斯坦

很担忧，曾带他去给医生检查，还好爱因斯坦不是哑巴。可是爱因斯坦到9岁时讲话还是不流利，所讲的每一句话都很吃力。但是，由于某些特别的表现，祖父母认为他在幼年就很出类拔萃了。他的祖父对他的评价是：

"我真爱那孩子，因为你无法想象他已经变得多么好和多么聪明了。"

在四五岁时，爱因斯坦有一次卧病在床，父亲送给他一个罗盘。当他发现指南针总是指着固定的方向时，感到非常惊奇，觉得一定有什么东西深深地隐藏在这个现象后面。他一连几天很高兴地玩这个罗盘，还缠着父亲和雅各布叔叔问了一连串问题。尽管他连"磁"这个词都说不好，但他却顽固地想要知道指南针为什么能指南。这种深刻和持久的印象，爱因斯坦直到67岁时还能清楚地回忆出来。

　　读书期间的爱因斯坦，并不是老师喜爱的成绩优秀的学生。由于他举止缓慢，不爱同人交往，老师和同学都不喜欢他。他不喜欢学校，不喜欢与军事有关的活动和游戏，也不喜欢热心于这类活动和游戏的同龄的男孩，以及使他联想起军训教官的教师。

　　爱因斯坦的叔叔雅各布在电器工厂里专门负责技术方面的事务，爱因斯坦的父亲则负责商业的往来。雅各布是一个工程师，自己就非常喜爱数学，当小爱因斯坦来找他问问题时，他总是用浅显通俗的语言把数学知识介绍给他。在叔叔的影响下，爱因斯坦较早

爱因斯坦（前排右三）小学时的集体照，他面带笑容，衣服扣子还没扣好。

少年爱因斯坦

地得到了科学和哲学的启蒙。

爱因斯坦12岁时，得到了一本施皮尔克的平面几何教科书。爱因斯坦晚年回忆这本神圣的小书时说："这本书里有许多断言，比如，三角形的三个高交于一点，它们本身虽然并不是显而易见的，但是可以很可靠地加以证明，以致任何怀疑似乎都不可能。这种明晰性和可靠性给我留下了一种难以形容的印象。"

爱因斯坦读高中时，家里的工厂破产了，全家迁到意大利，但父亲却让他一人留在德国完成学业。独自留在教学方法枯燥而机械、教学内容单调而乏味的学校里，使他感到孤独与不快。

有一天，教师来看他，并告知他离校。当时他高兴极了，颇有一种解脱之感，竟徒步来到意大利北部的父母居住处。在之后的几个月里，他时而登山爬岭，游乐于山石木草之间，时而埋头于课外读物，沉湎于丰富多彩的精神世界里。那一段无忧无虑的任性而又愉快的生活，在他的一生中留下了珍贵的记忆。

但是，父亲的生意的再度失败，迫使他不得不结束那种自在逍遥的生活，他开始考虑自己的升学就业问题。

当时他没有中学毕业文凭，多数大学都不肯接纳他。只有苏黎世联邦工业大学例外，该校不要求中学毕业文凭，只要入学考试合格便可入学。因此，爱因斯坦决定报考该校。当时他只有16岁，比一般考生的平均年龄小两岁。由于他没能系统地读完中学课程，在生物和语言方面缺乏正规的训练，因此，尽管他在数学和自然科学其他方面的考试成绩很出色，但是考官们仍不无遗憾地建议他先取得一张高中毕业证书，然后再考。

他接受了考官们的劝告，进入瑞士小城镇奥劳的一所中学就读。这所学校不像德国中学那么刻板，气氛很活跃。第二年他便考入苏黎世联邦工业大学。

但是，爱因斯坦绝不是按部就班听课、安分守己

←美丽的瑞士伯尔尼

学习的学生，遇有情绪低落和教师讲授不如心意时，他便逃课。他的数学教师对他的评价是："他聪明……却是一只懒狗。"

其实，爱因斯坦并不懒，他不在课堂时，不是独自进实验室做实验，就是埋头研究麦克斯韦、亥姆霍兹和其他物理大家的著作。由于平时缺课太多，临近考试时他不得不从好友格罗斯曼那儿借来听课笔记，死记硬背一番，才通过考试。后来，当他回顾这段痛苦的经历时，深恶痛绝地说："毕业后几乎一年的时光，我甚至不可能思及任何科学的东西。"

这种与科学创造思维几乎相隔绝的教育方式，对

1896年，爱因斯坦考进了苏黎世联邦工业大学。大学期间，爱因斯坦迷上了物理学。1900年，爱因斯坦大学毕业。

培养人才能起到什么作用，是很值得研究的。

爱因斯坦大学毕业后，很想成为教授的助手，但由于他不合群的性格，使他成了一个被遗忘甚至被遗弃的人。他花几个月的时间写履历，找门路，到处询问，却处处碰壁，没人肯接受他。他曾做过一个时期的代课教师，但因讲授的内容不合要求

瑞士伯尔尼爱因斯坦故居。爱因斯坦在这里生活了7年。他后来回忆在瑞士的生活时曾表示，"狭义相对论诞生在伯尔尼克拉姆大街49号，广义相对论是在伯尔尼孕育的……我在伯尔尼度过了一段非常美好的日子"。

，不久又被辞退了。那是他一生中最艰难无望和黯然无光的时期，他的生活热情降至最低点。

这个时期，如果他对物理学的兴趣稍有动摇的话，那么为了谋生计，他会离开物理学的。但是他对物理学的热爱根深蒂固，尽管屡遭抛弃，他还是写了第一篇文章，发表在1901年《物理年鉴》上。

后来，他通过好友格罗斯曼的父亲在瑞士首都伯尔

尼的专利局谋得了一个专门审查各种专利申请的技术职位。这份工作总与小装置和机械打交道，很符合爱因斯坦的志趣。此外，这份工作的另一个好处是有大量的空闲时间，爱因斯坦可利用这些时间研究他心爱的物理学。

不久，在他的生活中发生了一件至关重要的事情：他与在苏黎世联邦工业大学结识的女大学生米列娃·玛里奇结婚了。婚后，虽然因为工资微薄，生活清贫，但是，家庭气氛很好，温馨、幸福，可以说，称心如意。

1905年，是爱因斯坦一生中最难忘的一年，他创立了被后世誉为物理学新的里程碑的相对论。然而，

→ 爱因斯坦和他的第一任妻子米列娃·玛里奇

这个理论并没有立刻得到学术界承认，据说当时学术界没有几个人能读懂他的论文。比如，单是"时空统一"的涵义就够复杂的了。假定在外空间有两位相距很

爱因斯坦的第一位妻子米列娃·玛里奇和他们的儿女。米列娃·玛里奇曾是欧洲第一个学数学的女大学生。1919年，爱因斯坦与她协议离婚。

远的宇航员，两个人目睹同一颗新星爆发事件，由于他们离出事地点的距离不同，他们看见事发的时刻也是不同的：宇航员甲说他在3分钟前看见爆发事件；而宇航员乙则坚持他在5分钟前看见爆发事件；那么，到底谁对呢？回答是两者都对。

这是怎么回事呢？原来两位观测者的角度不同：如果宇航员甲离出事地点的距离，比宇航员乙离出事地点的距离远3 600万公里的话，那么，由于光速为30万公里/秒，宇航员甲看到爆发事件时自然要比宇航员乙晚两分钟。

这种差别只有在庞大无比的宇宙范围内发生，在我们日常生活所及的范围内，纵然相距千里，也不会

推开伯尔尼爱因斯坦故居的窗户就能看见这个12世纪的钟楼。据说相对论的发表，跟伯尔尼的三个钟有关系，他每次都在想，站在不同的地方，看这个钟时间都是不一样，这给了他很大的启发。

发生目睹同一事件的时间差的问题，因为光波传播影像的速度太快了，以它30万公里/秒计，两地相距3 000公里，视觉的时间差只有1%秒。但是，光速再大，在浩瀚的宇宙海洋中，它的有限速率也能造成令人无限遐想的奇迹。假如你在20岁左右设法来到远离地球200万亿公里之遥的外空间，那么你会看见在地球上绝没理由看到的你父母结婚时的热闹场面以及助产士为你接生时的忙碌情景。

这种推论虽然不无道理，但是，没有一种交通工具能够把你送到如此遥远的地方，以至将当年父母成亲和自己出生的画面尽收眼底。看来这种可能性只能留给早就置身于遥远的外空间的外星人了。

爱因斯坦在发表了狭义相对论后不久，便发现这种理论应用范围有限，它只适用于沿直线匀速运动的物体，而不适用于加速运动的物体。在我们的日常生活中，人们经常会体验到加速运动与匀速运动之间的差别。当我们坐在平稳行驶匀速运动的列车上时，我们如同静坐在房间里，若不是看见车窗外纷纷后退的景物，我们几乎感觉不到车辆在前进。这是匀速运动产生的效果。可是当行进中的车辆突然减速或刹车，我们会向前倾斜；而静止的车辆突然开动或行进中的车辆突然加速，我们的身体又会向后仰。这种现象称为惯性。

惯性力量的大小与运动速度的改变量有关，高速行驶的轿车如果突然急刹车，有可能会造成坐在前排的乘客受伤。这就是说，惯性力的大小与施加于物体的加速度有关。无论在什么地方也无论何种原因，只要将物体产生相同的加速度，那么它相应产生的惯性力也是相同的。一个物体如果放在地球的引力场时，它由高处下落的加速度为9.8米/秒²；假如有人携带该物在地球引力场之外的空间里，以9.8米/秒²的加速度飞行，过程中突然将该物脱手放出，那么此物所产生的惯性力

1904年在伯尔尼专利局时的爱因斯坦

与在地球引力场中所产生的惯性力是完全相同的。爱因斯坦的广义相对论就是他将狭义相对论从匀速运动扩展到加速运动所取得的成果。

1909年，爱因斯坦离开了专利局，1909年10月爱因斯坦辞去了专利局的工作，举家迁居苏黎世，并在苏黎世联邦工业大学教授物理。在伯尔尼的7年，爱因斯坦共发表了32篇论文，这是他从事研究的鼎盛时期。

1911年，爱因斯坦和家人从瑞士迁居到布拉格，1914年，受德国科学界的邀请，迁居到柏林。从1911年到1933年，爱因斯坦曾先后在布拉格大学、苏黎世联邦工业大学、柏林威廉皇家物理研究所、柏林洪堡大学任教和从事研究工作。这期间他还当选了普鲁士科学院院士。

↑1913年,爱因斯坦曾在柏林的洪堡大学任教。

当时，他虽然发表了许多关于广义相对论思想方面的文章，但是，他还没有完成这种理论的最后表达形式。他大学时的好友格罗斯曼是优秀的数学专家，在他的悉心指导下，爱因斯坦学习并深入研究了对广义相对论极为有用的张量分析。这是寻找广义相对论的完美的数学表达形式的艰辛探索时期，他终日殚精竭虑，想从

1905年，爱因斯坦接连发表了5篇开创性的论文，这一年成为牛顿经典物理学与现代物理学的分水岭，因此，这一年被称为"奇迹年"。

大量的方程式中选出一个正确的。令人遗憾的是，一个正确的方程式从他的鼻子尖下溜走了，以致他犯了个抛弃协变性原理的错误。

1926年的某一天，爱因斯坦夫妇在与朋友们共进晚餐时，爱因斯坦的夫人悄悄地向友人讲述了丈夫在某个早晨彻底揭开相对论疑谜时的情景。她说：

博士（指爱因斯坦）像平时一样，穿着睡袍下楼用早餐，但他几乎什么也没有碰。我想，出什么事了，所以我问他，什么事使他不安。

　　"亲爱的，"他说，"我有一种绝妙的想法。"

　　喝完咖啡之后，他走到钢琴那儿开始弹起来，间或停下来，做点笔记。然后，他说："我得到一个奇妙的想法，一个绝妙的想法。"

　　我说："那么，看在老天爷的分上，告诉我是什么想法吧，别叫我挂虑了。"他说："很困难，我得继续把它完成。"

　　接着，爱因斯坦继续弹着琴和做笔记，约持续了半小时。然后，他就上楼回他的研究室了，并且告诉我，不要打扰他。他待在那里干了两周。每天黄昏时，他会踱着步子做点儿锻炼，再回去工作。

　　最后，有一天他从研究室走下楼来，脸色苍白。

　　"就是它。"他一边对着我说，一边疲倦地将两张手稿纸往桌上一放。这，就是他的相对论。

从狭义相对论到广义相对论

要是我没有发现狭义相对论，也会有别人发现的，问题已经成熟。但是我认为，广义相对论的情况不是这样。

——爱因斯坦

科学不是可以不劳而获的——诚然，在科学上除了汗流满面是没有其他方法的。热情也罢，幻想也罢，以整个身心去渴望也罢，都不能代替劳动。

——赫尔岑

爱因斯坦的学术生涯包括两大领域：物理学和哲学。相对论产生了强大的冲击波，它震撼了物理学界，也扰乱了哲学界。它向物理学输入了新的原理，使人们对世界形象的认识深入到一个新的层次；它为哲学提供了新的认识论和方法论，使哲学界耳目一新。

1905年，我们应当称之为爱因斯坦的幸运年，这一年他发表了5篇科学论文；这是他的新世界观的基础，它们将使人类的思想发生革命。对于人类历史，1905年，其意义绝不亚于1879年，那一年爱迪生以如

下的话宣布电灯泡和电灯光的发明：

　　"灯泡里的空气抽空，灯泡密封好，接上
电流，我们的眼睛就可以看到我们久已盼望的
光芒。"

　　德国物理学家马克斯·玻恩在《爱因斯坦的统计理
论》一文的开头写道："照我看来，全部科学文献当中最
卓越的卷册之一，要数1905年《物理学年鉴》第17卷了。这一卷里有爱因斯坦的三篇论文，其中每篇论文涉及一个不同的主题，并且每篇现在都被公认是杰作，是物理学一个新分支的起源。按前后次序，这三篇论文的主题是光子理论、布朗运动理论和相对论。"

德国物理学家马克斯·玻恩是爱因斯坦的好友，他是量子力学的创始人之一，曾获得1954年的诺贝尔物理学奖。

　　这三个理论分别

以不同的方式改变了人们
关于物理世界的看法，在
物理学领域对以往的相应
的观念引发了革命性的转
变。因此，1905年是新时
代物理学的一个开端。

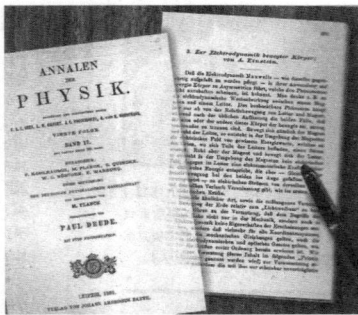

发表《论动体的电动力
学》的德国《物理学年鉴》
（1905年）

1905年创立的相对论
就是今天人们所说的狭义

相对论。这个理论排除了电动力学中存在的不对称，
提出了关于匀速运动相对性的完整理论和关于时空的
崭新观念。这种时空观念与牛顿力学中的时空观念不
同：在牛顿的力学中，空间间隔（长度）、时间、时间
间隔、同时性都是绝对的量，时间和空间是彼此独立
的，这些物理量都与物质运动的速度无关。在相对论
中，空间间隔（长度）、时间、时间间隔、同时性只是
相对的量，时间和空间不再是彼此无关的独立的物理
量了，它们都随着物质运动的速度而变化。同时，在
相对论中，质量也不再是一个绝对不变的量，它将随
物质运动的速度而改变；质量与能量可以互相转化，
两者之间的关系是：$E = mc^2$。

式中E表示能量，m表示质量，c表示光速（30万
公里/秒），这样便把质量和能量统一起来了。由相对

1914年在柏林任教的爱因斯坦

论引出的直接结论是：运动的尺子缩短，运动的时钟变慢……

1916年对物理学界来说，同样是令人难忘的一年。在这一年里，爱因斯坦发表了震古烁今的广义相对论。这种理论虽然有精确的数学表达形式和严密的逻辑推理，但对初学者和外行人说来，依然是个"黑箱子"般的难题。通俗地说，广义相对论实质上是一种引力场理论，这种理论认为现实的物质空间不是平直的空间，而是弯曲的空间。它的弯曲程度取决于物质在空间中的几何分布，物质密度大的地方，其引力场的强度也大，空间弯曲得也越厉害。根据这个理论连光线在引力场中也能发生偏转。

在广义相对论中空间的概念，与牛顿力学中的空间概念是不同的。广义相对论中的空间，与物质密度相关：它既是一种物质所产生的引力场的整体或部分区域，又是其赖以存在的区域。这种区域仿佛存在着一种无法逾越的墙壁，将物质限定在这个区域里或静止或运动，就像将一只鸟装在笼子里，笼壁所框定的区域就是空间。

既然引力场的区域就是物质赖以存在的空间，那么引力场的形状便是空间的形状；引力场是以产生它的物质为中心，以环形（如果将产生引力场的物体近似地看成球体的话）向外扩展的，所以从很大的范围来看，由引力场决定的物质存在的空间是弯曲的。

英国物理学家汤姆逊曾把广义相对论誉为人类思想史上最伟大的成果之一。爱因斯坦本人对此也极为重视，他说："要是我没有发现狭义相对论，也会有别人发现的，问题已经成熟。但是我认为，广义相对论的情况不是这样。"

事情的确如此，广义相对论更复杂、更深邃、更概括，没有大胆革命的精神和百折不挠的毅力，没有敏锐的物理直觉能力和高深的数学功底，是无法攻克这个科学

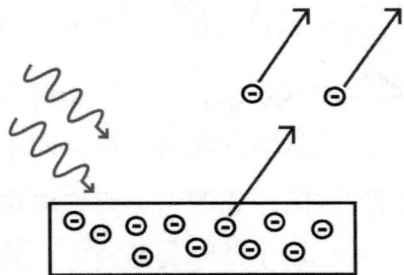

光电效应是物理学中一个重要而神奇的现象，在光的照射下，某些物质内部的电子会被光子激发出来而形成电流。光电现象由德国物理学家赫兹于1887年发现的，而正确的解释则是爱因斯坦在1905年做出的。他的研究推动了量子力学的发展。他因此获得1921年诺贝尔物理学奖。

1919年《伦敦新闻画报》刊载的爱丁顿实验

难关的。广义相对论预言过星系光谱线偏移的规律，得到了天体观测结果的证实。广义相对论成为现代宇宙学理论的基础之一，是研究宇宙世界的一个有力的武器。

1919年是一个日全食年，为了证实光线经过太阳引力场要发生偏折这一著名预言，有两个英国观测队分别去南非的普林斯和巴西的哥布拉尔实地考察。率队观测的天文学家爱丁顿激动地描绘了那年5月29日爱因斯坦的伟大的预言被证实的那个庄严时刻：

里里外外，上下四周，

除了魔影，别无所有，

戏在暗匣中演，太阳权当烛光，

我们围绕着它，幻影般地奔走。

一个离经叛道的圣人

时代的联系脱了节……为什么偏要由我去把乾坤重整!

——莎士比亚

提高一个人的思想境界并且丰富其本性的,不是科学研究的成果,而是追求理解的热情,是创造性的或者是领悟性的脑力劳动。

——爱因斯坦

作为一个离经叛道的科学家,爱因斯坦既表现在敢于对传统理论提出挑战,又表现在勇于对新学术领域进行开拓;既表现在取得划时代的新成果,又表现在具有革命性的科学精神和科学态度。

在爱因斯坦的青年时代,牛顿力学占统治地位。牛顿的三大力学定律和万有引力定律,就是物理学界的"经"和"道",牛顿的辉煌成就使人将他的经典力学视为金科玉律,并确信"一切物理事件都要追溯到那些服从牛顿运动定律的物体,这只要把力的定律加以扩充,使之适应于被考察的情况就行了"。

当时物理学界把牛顿的经典理论视为工作纲领，很少有人能像爱因斯坦那样向这种权威理论提出质疑和挑战。

同样，爱因斯坦对待当时电磁领域中的大师荷兰物理学家洛伦兹也是如此。当时物理学界的

$E=mc^2$ 质能方程式。在1905年发表的狭义相对论论文中，爱因斯坦第一次给出了这个简洁与完美并具的著名公式。它意味着每一单位都有一巨大数量的能量。原子弹的理论依据，便源出于此。

老前辈们把洛伦兹变换公式视为纯数学技巧，而爱因斯坦却大胆地提出，这一公式表达了空间和时间的真实联系。爱因斯坦认为，空间与时间都具有相对性。

这种新颖的科学思维，即使当时站在科学前沿的洛伦兹也是望而却步的。

爱因斯坦的离经叛道，作为一种精神样板，似乎比他的物理成果更有意义。因为成果的效益总是有限的，而精神的价值则是无穷的。爱因斯坦本人也充分

地认识到思想境界和精神价值的重要性，他说："一个人为人民最好的服务，是让他们去做某种提高思想境界的工作，并且由此间接地提高他们的思想境界，这尤其适用于大艺术家，在较小的程度上也适用于科学家。当然，提高一个人的思想境界并且丰富其本性的，不是科学研究的成果，而是追求理解的热情，是创造性的或者是领悟性的脑力劳动。因此，如果要从《犹太教法典》（Talmud）的知识成果来判断这部法典的价值，那肯定是不适当的。"

爱因斯坦的离经叛道的品格，源于他的独立的批判精神。在他看来，批判精神既是获取人生价值的一个重要条件，也是人生的一大趣事，他说：

用自己的眼睛去观察，不受时势所趋的引诱而感觉和评断一切，能够用扼要的句子或精心选出的字眼表达所观察到的和所感受到的，这不是

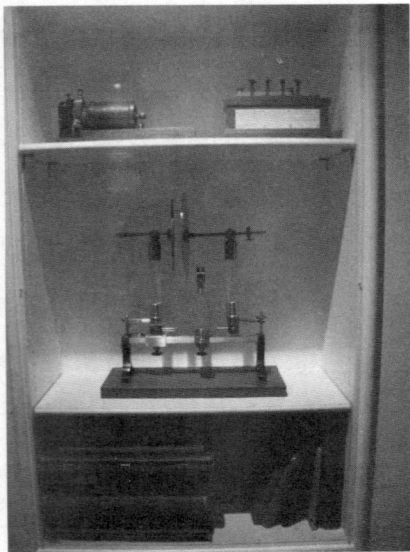

← 爱因斯坦用过的设备

爱因斯坦和"量子学之父"马克斯·普朗克

很壮丽的事吗?

这说明,爱因斯坦的批判精神与独立思考是紧密地联系在一起的。他正是在这种批判精神和独立思考的诱发下,产生了离经叛道的行为。

值得一提的是,爱因斯坦不仅对传统、对他人采取批判的态度,他对自己也采取这种态度,这表现在他勇于承认错误和大胆地改正错误。

在一次宴会上,德国物理学家"量子学之父"马克斯·普朗克说他自己在工作中出错就很难堪,而爱因斯坦却笑着说,不论是他自己还是别人否定他的理论,他一点也不感到难堪。他从来不为承认错误而沮丧。这是一种彻底的批判精神和科学态度。

爱因斯坦的这种批判精神和科学态度,是与他对理性不朽观念的透彻理解密切相关的。在爱因斯坦看来,判断科学理论的真理性有两个标准:理论自身内在的完备及外部的证实。理论的内在的完备在于,它是从更普遍的思想中自然地、逻辑地推导出来的,构成理论的每一步骤,都是逻辑链条上的一个环节,各环节之间保持某种同一性的转化关系；外部的证实在于，在逻辑结论的链条上的基本环节，不仅应该合乎逻辑地论证，而且也应该取得外部的经验和感性的证实。我们通常所谓实践是检验真理的标准，说的就是后一层意思。

对科学理论来讲，它的内在的完备与外部的证实——内在的逻辑论证与外部的经验论证——二者是不可分割的。当经验的论证给出反常的结果时，它便为逻辑论证、内在的完备提出改造初始原理的要求，而初始原理经过一番逻辑的改造之后，已经在某种程度上改变了其原有的形式，这种变形了的原理能圆满地解释曾一度对初始原理提出挑战的新例。这就叫理论的不朽。

1927年，第六届索尔维会议，会议的主题是光子和电子。爱因斯坦坐在中间。

← 1929年《时代》杂志封面

TIME
The Weekly Newsmagazine

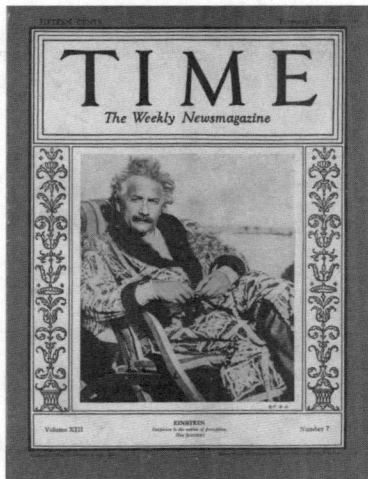

理论的不朽不在于它能解释多少例证，也不在于它是否具有不可动摇性，而在于当新的反常的例证出现时，它能否相应地改变自己的形式，以应付新的挑战的需要。可见理论的不朽主要表现在初始原理的有限性和应变性。比如，狭义相对论的不朽在于，它具有过渡到广义相对论的可能性，而广义相对论的不朽在于，它有过渡到统一场论的光辉前景。

不朽的理论好比一台万能车床，它不是原封不动地就能加工出各种机器零件，而是根据待加工的新零件的需要，不断地改换车刀来实现生产要求。

科学上的不朽，不仅要看理论在有限范围和条件下的结论是否正确，而且要看它是否向科学提出了新问题，给没给后来者留下待解决的矛盾和问题。只有教条主义者才处心积虑地为理论文过饰非，千方百计地从视野中掩盖理论所遇到的矛盾和问题。只有持彻底的反教条主义的态度，对原有理论进行严格的科学的审视，才能发现它自身所蕴藏的矛盾和问题，才能

爱因斯坦与丹麦物理学家"玻尔理论"的提出者玻尔是关系非常密切的诤友。

引导科学向前发展。

科学上的进步，不仅限于引导人们向更精确的世界观过渡，也不仅限于知识水平的积累性提高（诚然，知识数量上的增加，也应算作科学上的进步，但这种进步的幅度是不大的），更重要的要看向新的观念、新的理论框架转化的趋势和程度。巨大的科学进步总是发生在科学革命时期，这是以向新观念、新理论转化的彻底性、普遍性、反常性和

← 爱因斯坦的著作《相对论》

→爱因斯坦纪念邮票

"疯狂性"为标志的质变时期。

这是一个呼唤科学狂人和勇士的时期。这个时期的弄潮儿，需要有对传统规范和观念挑战和决裂的精神，需要有承受千夫指万人疑的勇气。因为在现实社会中，绝大多数人都是充塞在通往传统科学殿堂道路

→爱因斯坦与费伦斯等物理学家

上的朝圣者和卫道士，他们对极少数独辟蹊径的离经叛道者，自然不会坦然处之。对曾被视为科学圣经的牛顿力学来说，爱因斯坦就是这样一个离经叛道者。

命运的嘲弄

> 为了惩罚我蔑视权威，命运使我自己竟为一个权威。
>
> ——爱因斯坦

如今，在人们的心目中，爱因斯坦成为智慧的化身、崇拜的偶像。

那么，爱因斯坦是怎么看待自己的呢？

马克斯·玻恩的妻子曾从爱因斯坦第二任妻子艾尔莎那里得到这位伟大的物理学家写在画像底下的一首短诗：

无论我走到哪里，站到哪里，
我总是看见眼前有一张我的画像。
在写字台上，在墙壁上，
在脖子周围，在黑色丝带上。

男男女女怀着钦佩的神情，

来索取一个签名留念。

每人从那个被人敬重的孩子那里，

得到几个潦潦草草的字。

有时我感到无比的幸福，

在那清醒的瞬间，我想：

是你自己已经发疯，

还是别人的愚蠢？

　　由此可见，在爱因斯坦的内心世界里，包容着无

→爱因斯坦和第二任妻子艾尔莎

限博大的谦虚、质朴和诚实，却容不得半点虚荣、崇拜和赞誉。爱因斯坦鄙弃一切形式的个人崇拜，他一贯主张："让每一个人都作为个人受到尊重，而不让任何人成为崇拜的偶像。"

他认为："在我看来，个人崇拜总是没有道理的。固然，大自然在她的儿女中间并不是平均地分配她的赐物。多谢上帝，得到优厚天赋的人是很多的，而我深信，他们多数过的是淡泊的、不引人注目的生活。要在这些人中间挑出几个加以无止境的赞颂，认为他们的思想和品质具有超人的力量，我觉得这是不公正的，甚至是低级趣味的。"

面对那些无法摆脱的"无止境的赞颂"，爱因斯坦

感到惊愕、迷惑，甚至惶恐。他说："我自己受到了人们过分的赞扬和尊敬，这不是由于我自己的过错，也不是由于我自己的功劳，而实在是一种命运的嘲弄。"

不论是真诚的赞颂还是虚假的阿谀，爱因斯坦都极力地回避，对于他来说，荣誉就像沉重的包袱，压得他透不过气来。他从来不以权威自居，他非常幽默地说："为了惩罚我蔑视权威，命运使我自己竟成为一个权威。"

命运对爱因斯坦最大的嘲弄还不限于此，它硬是把他这位不想出头露面的"隐士"，拉上了人类冲突的舞台，卷入政治的漩涡，使他成为重大历史事件的参与者。

这里，不得不提及他在第二次世界大战期间，亲笔签署信件建议美国总统制造原子弹那个他"一生中最令人痛心的回忆"。

1939年7月，物理学家西拉德和维格纳意识到纳粹头子希特勒有可能着手制造原子弹，并预料到一旦这位战争狂人掌握了那种大规模杀伤武器，将会给世界带来毁灭性的灾难。于是，他们打算一面致函比利时王太后，呼吁不要让比利时储存的铀矿（制原子弹的主要原料）被德国利用，一面写信给当时的美国总统罗斯福，敦促他抓紧时间研制原子弹，以便先于希特勒掌握这种可怕的武器。

但是，两位物理学家又觉得他们的知名度不高，人微语轻难以引起当权者们的重视，便携带信件的草稿去找爱因斯坦，想借助他的声望提高信件的影响力。

爱因斯坦签署的信件，是经过罗斯福的朋友芬兰人亚历山大·萨克斯之手呈交的，起初并没引起总统的重视。在一次早餐时，萨克斯给罗斯福讲了一个故事：过去有一位名叫富尔顿的轮船设计师拿着图纸去见拿破仑，声称他能用机动船武装法国海军；不料，刚愎自用的拿破仑竟把他赶走了，他一怒之下将自己的发明献给拿破仑的敌人，从而改变了双方军事力量的对比。萨克斯在结束自己的故事时，意味深长地说：

←爱因斯坦和西拉德

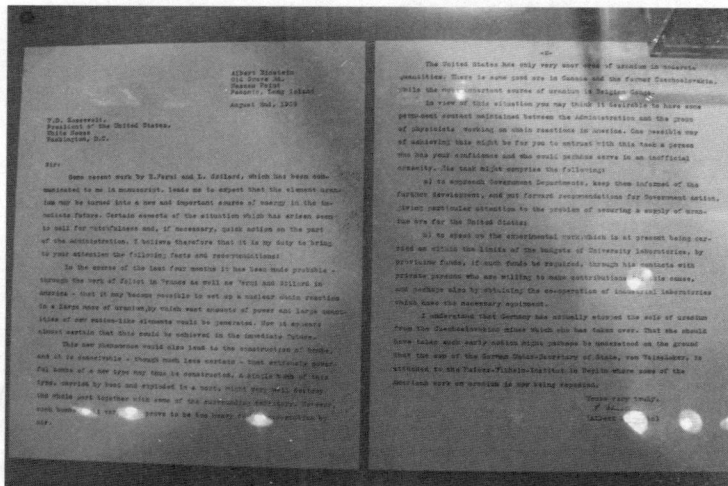

↑ 这封由爱斯坦亲笔签名的信是他一生中最痛心的回忆

"如果当时拿破仑表现出更多的想象力和耐心，19世纪历史的发展可能会完全改观。"

罗斯福终于被打动了，立即召见军事助手特森将军，着手研制原子弹。

1945年纳粹德国的崩溃消除了来自法西斯的核威胁；当年曾积极为敦促美国研制原子弹而奔走的西拉德，又担心美国可能用原子弹轰炸别的国家。他再次去找爱因斯坦，想通过他向罗斯福呈递一份备忘录——竭力规劝美国军事当局不要用原子弹轰炸日本城市。

爱因斯坦慨然签了那份备忘录，但这份事关许多人命运的文件竟未到达收信人之手。因为1945年4月

12日罗斯福逝世了，直到核爆炸的蘑菇云在长崎和广岛上空翻滚，那份备忘录还原封不动地在已故总统的办公桌上蒙尘。

长崎与广岛的悲剧使爱因斯坦非常痛心，每当来访者谈及此问题时他都悔恨交加。《爱因斯坦的悲剧》作者安东尼娜·瓦朗坦同爱因斯坦的一次谈话，就涉及了这个话题，瓦朗坦写道：

> 爱因斯坦说："实际上，我起了一个邮箱的作用。他们交给我一封写好的信，而我必须在这封信上签名。"我们是在普林斯顿爱因斯坦的办公室里谈起这一点的。灰暗的光线透过大窗户的玻璃照在爱因斯坦布满皱纹的脸上和似乎被他视线之火烧红了的眼睛上。他开始沉

← 原子弹『小男孩』

默不语，这是因内心隐忍的问题引起的沉痛。
他那同平时一样炯炯发光的目光转向我。我
说："然而是您揿了按钮。"他迅速转过脸去，
从窗户眺望荒凉的山谷和一片被古老树丛遮住
地平线的绿色草地。然后，爱因斯坦似乎不是
回答我，而是回答他所注视的树梢，低声地若
有所思地、一个字一个字地说："是的，我揿
了按钮……"

在瓦朗坦看来，当爱因斯坦说"是的，我揿了按
钮"这句话的时候，表示他承认自己签名的致罗斯福
的信是造成长崎和广岛灾难的原因，并且这种"负罪
感"是他痛心的根源。但也有人不同意瓦朗坦的看法，
认为爱因斯坦对签发敦促美国当局研制原子弹的信件

→原子弹爆炸后的广岛

一事感到追悔，对后来发生的长崎和广岛的悲剧感到内疚，这本是情理中的事，然而，这不是使他感到痛心疾首的根本原因。在世界著名作家爱伦堡同爱因斯坦的一次会晤中，爱因斯坦向这位作家

1945年8月6日，为敦促日本在侵略战争中迅速投降，美国轰炸机向广岛投下了人类历史上第一颗原子弹"小男孩"。这是原子弹在日本广岛爆炸的瞬间。

坦露了原子弹悲剧之所以使他感到痛心的深层原因。

　　虽然爱因斯坦是个富于理性的思想家，但是，他表露内心世界的情感时，却往往采取艺术家所惯用的形象思维方式。在他的断断续续的话语中，没有缜密的逻辑推理，只有生动的形象比喻，而他的丰富多彩的神态变化，则是一种比声音更能表达他复杂情感的形态语言。对那次会晤，爱伦堡曾作过一段生动的描写，从作家展示的画面中，人们可窥见爱因斯坦内心

的苦衷。爱伦堡写道：

　　当我见到爱因斯坦的时候，他已年过六旬，长长的花白头发使他的容貌显得苍老，并使他具有上世纪音乐家或隐士的某种风度。他没穿西装上衣，只穿着一件高领绒线衣，一支自来水钢笔插在高高的领子里，直抵下颌。他从裤兜里掏出了记事本。他的面庞轮廓鲜明，而一双眼睛却惊人的年轻，时而忧郁，时而专心致志，聚精会神，它们忽然充满热情地笑起来了——我是不怕用词的——孩子般地笑起来了。头一分钟，我觉得他好像是一位深沉的老人，可是只要他说起话来，只要他很快下楼到了花园，只要他的眼睛刚露出愉快的嘲弄的神情，最初的印象就消失了。他年轻，因为他具有不随年华而消逝的青春，他自己用脱口而出的一句话表述过它："我活着并疑惑，因而所有的时间我都想弄明白……"

　　这是尚未谈及原子弹悲剧的情况下，爱伦堡对爱因斯坦的印象，但话题刚一涉及这个令人痛心的问题时，爱因斯坦身上的那种孩子般的天真、那股不被年

1947年，爱因斯坦与『美国原子弹之父』奥本海默

华所泯灭的青春活力，霎时消逝得无影无踪，他又变成一个深谙世风衰败、心事重重、深沉持重的老人，话语中饱含着痛楚和哲理。

他说，可怕的不在原子弹本身，原子弹的发明与火的发明在本质上没什么不同，可怕的是世间竟有不顾及后果的玩火的人以及对纵火事件麻木不仁、甚至是幸灾乐祸的人。最使爱因斯坦失望的是，世人（尤其是美国人）并没有从长崎和广岛的灾难中看到，一旦人类失去理性，科学成果将会成为恶人们毁坏道德

和文明的武器。他对爱伦堡说：

在中非有过一个不大的部落——我说"有过"是因为，我老早读过关于这个部落的记载。这个部落的人给孩子们取名：高山、棕榈、朝霞、鹞鹰，当一个人死后，他的名字被禁止使用，成为禁忌。这样一来，人们不得不替高山和鹞鹰寻找适当的新词。可想而知，这个部落既没有历史，没有文化，也没有神话，因此，它也不能发展——几乎每年一切都只好从头开始。许多美国人就像这个部落的人……我读了《纽约人》杂志上一篇关于广岛的令人震惊的报道。我打电话订购了100份杂志，分发给了我的学生。后来，有个学生向我致谢，还兴奋地说："炸弹真神奇……"当然，还有别的话。但这一切令人太沉痛了……

爱因斯坦之所以感到沉痛，一方面是由于他看到了科学的理性精神与科学应用的非理性的激烈冲突及其严重后果；另一方面是由于广大世人对此无动于衷。

←广岛原子弹和平纪念公园

仇恨之箭射向犹太学者

> 只要我还能有所选择，我就只想生活
> 在这样的国家里，这个国家所实行的是：
> 公民的自由、宽容以及在法律面前公民一
> 律平等。
>
> ——爱因斯坦

人类的社会是个善良与凶恶的混合体。善良而公正的人们为之赞赏和欢呼的美好事物，也必然受到凶残邪恶势力的仇视和攻击。

在科学史上，任何具有革命意义的科学理论的出现都不会是一帆风顺的。哥白尼的日心说曾引起过激烈的争斗；达尔文的进化论也导致了旷日持久的争辩。爱因斯坦的相对论自然也不能例外，投向他的不仅有鲜花与欢呼，而且还有冷箭与谩骂。因此，伴随相对论的问世将会引起激烈的争论，这是意料中的事。但是，出乎意料的是，对爱因斯坦的相对论的攻击，除了科学上的原因之外还有政治上（这是主要的）的原因。

德国乌尔姆市的爱因斯坦纪念碑由瑞士雕塑家马克思·比尔雕刻。纪念碑于1982年9月4日揭幕。12块竖立着的石块象征着白天的12个小时，12块横放的石块则象征着夜晚的12个小时。

当太阳附近光线偏折的科学新闻震惊世界之时，正是德国爆发反犹太运动之时。由于爱因斯坦是犹太人，所以竟连他的物理学理论也遭到了歧视，被称为"犹太物理学"。由于相对论艰深难懂，不仅给它的传播带来困难，而且也使恶意中伤它的人找到了口实。

德国物理学家麦克斯·冯·劳厄曾对广义相对论的艰深的程度做了这样的描述："许多人赞扬，也有许多人反对，值得注意的是，无论在这一方或者在另一方，那些叫得最响的几乎一点也不理解它。"

↑1921年，爱因斯坦和科学家们在当时最大的天体望远镜前。

对于狭义相对论来说，情况也好不了多少，据说当时真正懂得它的人寥寥无几。据郎之万估计，当时全世界只有12个人知道什么是相对论。

1920年8月，德国成立了一个被爱因斯坦称为"反相对论公司"的"德国自然哲学家研究小组"。这个小组以保持科学的纯洁性为名，对爱因斯坦本人及其著作发动了猖狂的攻击，说爱因斯坦是代表典型犹太精神的江湖骗子，是"特别厚颜无耻的犹太人"；说他的理论是犹太人对德国精神财富的亵渎。

这种恶毒的污蔑和野蛮的攻击不断升级，1933年达到了高峰。曾获1905年度物理学诺贝尔奖金，被爱因斯坦称为"精通实验物理学的大师"的勒纳德竟也对爱因斯坦进行激烈的抨击："犹太学术界对自然科学的危险影响的最重要例子就是爱因斯坦先生所提出的东拼西凑起来的数学理论。"

　　1935年，这位纳粹党的物理学家再次向爱因斯坦发动了猖狂的攻击："我们的元首已经在政治和国民经济方面，把称为马克思主义的这种亚洲精神摒除净尽了！可是，在自然科学方面，由于爱因斯坦的理论无限度地强调和夸大，它仍然把持着统治地位，我们必须明白，在文化上追随犹太人，是不配做一个德国人的。自然科学，正确地讲，是完全来源于雅利安人的；

我们德国人，今天也要在未知领域找到自己的出路……"

　　听罢这种歇斯底里地反犹太人的叫嚣，使人感到十分失望又十分可气，这哪里还像个曾经荣获诺贝尔奖的物理学家呀，如果诺贝尔先生

→ 德国乌尔姆市的爱因斯坦喷泉

在九泉之下，得知这玷污他的名字的纳粹小丑的丑恶表演，会作何感想呢？他会原谅这种科学界的败类吗？

勒纳德的丑恶表演告诫世人：科学一旦被卷进政治旋涡，品德不端的科学家就会变成嗜血成性的鲨鱼。

人类的文明史一再证明：强权终究无法战胜公理，如果被攻击的对象不倒，那么它将越发显得伟大。

爱因斯坦身为犹太人株连他的相对论遭到批判，而无法驳倒的相对论又使爱因斯坦本人成为"物理学教皇"——"犹太圣人"。这就是无情的历史辩证法。他以高尚的行为回击了纳粹分子的攻击。

一般潜心于自然科学研究的人易走极端，他们往往躲进象牙之塔，回避尘世中的矛盾，沉溺于自己狭窄的专业问题。爱因斯坦则不是这样，他既对自然有一种宗教式的感情，又对社会有一种普通人的责任感；他既要做一个献身科学的学者，又要做一个关心社会、关心政治、关心人类命运的普通公民。作为科学家他要呕心沥血地去揭示宇宙的奥秘；作为普通公民他要关心并尽可能参与旨在改善社会、造福人类的各项活动。虽然他深感两者兼顾之艰难，但他仍坚持做到这一点，力求使自己成为一个完整的人。

现实生活一再告诫爱因斯坦：严酷的政治斗争，绝不会给科学家留下一块可以偏安一隅的净土，象牙之塔没有奠基之地。在纳粹党对犹太人横加迫害时，爱因斯坦被赶出理学院，被抄家，被剥夺德国公民权，财产被没收，著作被焚毁，人身受攻击。

然而，爱因斯坦并没有向恶势力低头。当他的物

←爱因斯坦的诺贝尔奖获奖证书

理学界的好朋友劝他应对政治问题保持沉默的时候，
他却明确地表示：

> 我认为每个公民都有责任尽其所能来表明
> 他的政治观点。如果有才智的和有能力的公民
> 忽视这种责任，那么健康的民主政治就不可能
> 成功。

在爱因斯坦看来，科学家所以要关心政治，是因
为他们的研究工作与政治有着密不可分的关系。科学
家通过自己的劳动，可以将其精神成果转化为净化人
类灵魂的清洗剂、荡涤社会专制、愚昧、落后和偏见
的消毒剂、激发人们勇敢地迎接未来的兴奋剂，同时，
也是使人类社会从资源和环境的危机中起死回生的强
心剂。一句话，科学对于提高人类社会的文明度以及
使人类社会从危机中解脱出来具有重大的意义，科学
家应该有崇高的社会责任感。这就是科学家们所应该
关心的政治。

爱因斯坦一向认为，追求真理和正义的热忱，为
改善人类状况所做的贡献，远远胜过那些狂热的政治
鼓噪和阴沉的权术手段。但这不等于说，爱因斯坦是
一个脱离现实政治生活，以科学家自居的狂妄的学者。

事实上，他对社会上的专横统治和压迫，对摧残人性的野蛮行径，出于人类的良知，他大声疾呼，表示反对和愤慨。同时，他也不无遗憾地说：

> 我所做的仅仅是这一点：在长时期内，我对社会上那些我认为是非常恶劣的和不幸的情况公开发表了意见，对它们沉默就会使我觉得是在犯同谋罪。

其实，作为一个全身心地献身于科学事业的学者，他能对社会的"恶劣的和不幸的情况"表示正当的意见和愤慨，这就很难能可贵了，我们还强求他什么呢？

要知道爱因斯坦是以科学家的身份关心政治，而不是作为政治家来关心政治。尽管如此，他本人并没有宽容自己，他对知识分子出身、全心全意为人类解放事业而献身的革命家马克思和列宁深表敬意，而对自己所做的"仅仅是一点儿"抱有歉意。

爱因斯坦对人生的评价有着独特的标准。他认为，专业知识可以使人成为一种有用的机器，但是不能成为一个和谐发展的人。他不仅自己身体力行做一个高尚的人和一个和谐发展的人，而且还告诫青年学生：一个人如果缺乏辨别是非和善恶的能力，那么，他——连同他的专业知识——就更像一只受过很好训练的狗而听任别人摆弄。

1999年，爱因斯坦被公众评为"有史以来最伟大的物理学家"。

最令爱因斯坦不安的是，他以洞悉一切的犀利的目光看出，在科学先进而政治落后、道德沦丧的社会和时代，科学竟对人类具有悲剧性的作用，

德国波茨坦爱因斯坦科学园内的爱因斯坦塔，该塔是一个天体物理观测台。

而科学家也因而沦为祸及社会的悲剧角色。他惊讶地发现，科学的发展，一方面使人的四肢得以延长，将大部分体力劳动外化给机器，使人类的生活变得更加舒适和富裕，另一方面，科学的发展，又给人类带来了许多意想不到的消极后果，伴随着工业文明的演进而出现的资源匮乏和环境危机，大规模的杀伤武器的问世以及生物科学的潜在危险，使科学变成了令人担忧的邪物。

这是科学的悲剧，也是科学家的悲剧。然而，更为可悲是，一些曾在科学领域取得过辉煌成就的学者，

却沦为政治狂人的鹰犬。对此，爱因斯坦是深恶痛绝的，他明确地表示，对于违背人民意志和社会公德的倒行逆施的政府，要奉行自己良心上的法律，对它的态度是：不合作或罢工。

在第二次世界大战后，爱因斯坦曾向美国科学界呼吁，一定要避免第二次世界大战中德国知识分子所犯的错误，绝不能变成屈从反动政府意志的统治工具。

爱因斯坦是一个"言必信，信必行，行必果"的人。

有一件事最能说明他是一个不屈从反动势力，按"自己良心上的法律"行事的人。

在20世纪30年代，当德国国家社会党为争夺政权而进行决斗的时候，著名物理学家诺贝尔奖金获得者约翰内斯·施塔克关上了物理实验室的门，加入追随阿道夫·希特勒的"斗士"们的行列。而就在这时，爱因斯坦却庄重地声明：

只要我还能有所选择，我就只想生活在这样的国家里，这个国家中实行的是：公民自由、宽容，以及在法律面前公民一律平等。公民自由意味着人们有用言语和文字表示其政治信念的自由，宽容意味着尊重别人的无论哪种可能有的信念，这些条件目前在德国都不存在。

1933年1月纳粹党攫取德国政权后，爱因斯坦成为其科学界首要的迫害对象，幸而当时他在美国讲学，未遭毒手。他在柏林的住屋被查抄和捣毁，他的财产被没收，他的著作被焚毁，纳粹还悬赏2万马克要杀害他。3月他回到欧洲后避居比利时，9月9日他发现了准备行刺他的盖世太保，于是被迫前往英国。10月，他移居美国，任新泽西州普林斯顿高等研究所教授，从事理论物理研究，直至1945年退休。1940年，爱因斯坦加入美国国籍。

↙1940年，爱因斯坦取得美国国籍。

艺术家的模特

我是艺术家的模特儿。

——爱因斯坦

　　爱因斯坦由于在科学上的杰出的成就，成为举世闻名的科学家，世人凭照片便可一眼认出他来。可是他在众目睽睽的场合总是显得很慌乱。即使这样，他还得摆出各种姿态让摄影师、艺术家和雕刻家们拍照。

　　有一次一个陌生人问他以何为生时，他回答说："我是艺术家的模特。"

　　爱因斯坦潜心研究的不是一般问题，甚至也不是常规问题，而是超常规的特殊问题；证明他的学术思想正确与否的实验场所，不是一般尺寸的实验室，而是浩瀚无际的宇宙。正因为如此，他的工作常被人误解。

　　在美国的一次国宴上，爱因斯坦教授挨坐在一位18岁漂亮女孩身旁。当会场静下来时，那女孩悄声问他："你实际的职业是什么?"

爱因斯坦答："我致力研究物理学。"

"你的意思是你这个年纪在研究物理学?"她见爱因斯坦头发已经花白,十分惊讶地说,"我一年以就结束物理学的学习了。"

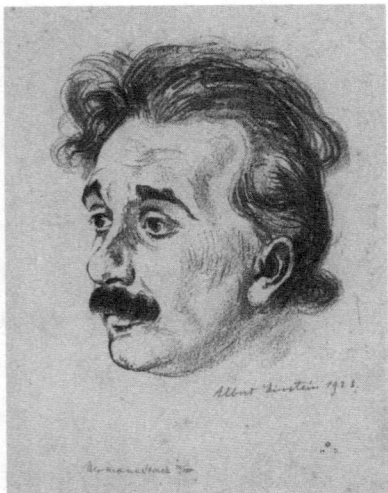

德国犹太艺术家施特鲁克为爱因斯坦所绘的人物速写

爱因斯坦与艺术的缘分可以说是与生俱来的,他本人是艺术家们绝不肯轻易放过的艺术原型——风貌独特,幽默滑稽,一双叫人琢磨不透的眼睛,有时还带有孩子般的恶作剧的神态。

他的形象无论出现在照片上还是画面上,都给人一种生气勃勃、呼之欲出的亲切感。

在罗曼·罗兰笔下,爱因斯坦的形象是:个子不高;前额上,浓厚的黑发有点卷曲发干,夹杂一些银灰色的发丝;肉鼻子突出在脸的中央;嘴小,嘴唇丰润,上面一溜修得短短的小胡子;面颊丰满,下巴滚圆。这就是36岁时的爱因斯坦的形象写照。

→演奏小提琴的爱因斯坦

　　他平生有一张最引起艺术家们兴趣的照片，那是他准备为同胞募捐义演时被拍摄下来的。当时他坐在犹太会堂里，手托着小提琴，神情专注，在黑色的犹太便帽下，飘拂着他那发干的散乱的头发，还真有点艺术家的风采呢。

爱因斯坦的可爱形象，在照相机前，在画室里，不知出现过多少次，难怪他在一份表格的职业栏里填写上"艺术家模特"的几个字，这话既表现了爱因斯坦式的幽默，也表明了幽默的爱因斯坦确实引起了艺术家们的兴趣。

与他的可爱的形象相匹配的是他那质朴无华、不拘小节的作风。他一向不重穿着，不拘礼仪，有时闹出笑话，无意中充当了喜剧的角色。平时，他常穿着运动衫和凉鞋就登上柏林大学的讲台。在讨论或思考问题时，他时常嘴里叼着一根早已熄灭的烟斗。

有一次，爱因斯坦在黑板前每隔几秒钟就要提一提臃肿下滑的裤子。目睹这一场面的学生们，出于对他的由衷的敬意才没有笑出声来。

最大的一次笑话发生在一个庄严的场合。

那是1907年7月的一天，

← 爱因斯坦

1951年3月14日，在72岁生日那天，当被摄影记者要求在镜头面前笑一下时，爱因斯坦却出人意料地做出了这样一个古怪的表情，后来竟成为一种社会文化符号，无人不知。

日内瓦大学召开隆重的大会，庆祝加尔文节和建校350周年，会上要授予博士和名誉博士学位。那一天，虽然大雨倾盆，但是学校的显贵和政府的要员们，个个衣着考究，或身穿燕尾服、头戴高礼帽，或身穿中世纪绣金长袍，头戴平顶丝帽，场面热烈，气氛庄重，尤其是联邦总统亲临会议，加以举世闻名的科学家玛丽·居里夫人和奥斯特瓦尔德的名字又列在获得荣誉博士者的名单之中，这就越发使庆典显得庄严、凝重。可是当校长给荣誉博士颁发博士帽时，第一个登台领帽子的，竟是一个身材不高、头戴防雨草帽的人。此人就是爱因斯坦。

当博士帽换下草帽的瞬间，会场的严肃气氛顿时变得轻松而又滑稽。这件事给人们留下了珍贵的记忆。

孤独、沉默、宁静

就我个人来说，我总是倾向于孤独，这种性格通常伴随着年龄的增长而越加突出，奇怪的是，我是如此闻名，却又如此孤独。

——爱因斯坦

爱因斯坦建造了现代物理学的大厦，同时也塑造了自己的独特的形象。他是一个孤独、沉默、宁静的人，同时又是一个在追求真理中获得人生最大幸福的科学家。在他看来，大凡营造科学殿堂的人，"他们大多数是相当怪癖、沉默寡言和孤独的人"。他很赞赏叔本华的处世哲学，他认为：

把人们引向艺术和科学的最强烈的动机之一，是要逃避日常生活中令人厌恶的粗俗和使人绝望的沉闷，是要摆脱人们自己反复无常的欲望的桎梏。一个有修养的人总是渴望逃避个人生活而进入客观知觉和思维的世界，这种愿

望好比城市里的人渴望逃避喧嚣拥挤的环境，
而到高山上去享受幽静的生活，在那里透过清
寂而纯洁的空气，可以自由地眺望，陶醉于那
似乎是为永恒而设计的宁静景色。

　　不过，爱因斯坦所希求的孤独和宁静与叔本华所
追求的悲观厌世的"精神宁静"不能同日而语，他所
以要孤独和宁静是为了排除尘世间庸俗生活的干扰，
以便集中精力潜心于科学的探索。同时，他甘愿孤独
也表示对与声望相关的公众赞赏的回避及对一般社会
交往的厌倦。他说：

　　　　就我个人来说，我总是倾向于孤独，这种

→
爱
因
斯
坦

性格通常伴随着年龄的增长而越加突出，奇怪的是，我是如此闻名，却又如此孤独。事实是，我所享有的这种声望迫使我采取守势，因而使我与世隔绝。

他又说：

我实在是一个"孤独的旅客"，我未曾全心全意地属于我的国家、我的家庭、我的朋友，甚至我最接近的亲人。在所有这些关系面前，我总是感觉到有一定距离并且需要保持孤独——而这种感受正与年俱增。

如果说爱因斯坦为了逃避尘世的干扰才希望孤独，

2005年是爱因斯坦发表相对论100周年。为了纪念这一人类科学发展史上的重大历史事件，伯尔尼历史博物馆特地举办了"爱因斯坦展"。因为100年前，爱因斯坦发表相对论时正居住在伯尔尼，当时他是专利局的一名小职员。

那只说对了问题的一半。爱因斯坦的孤独也与他的秉性有关，可以说他的孤独是与生俱来的。小时候，他很少在院子里跟别的孩子一起玩耍；中学时，他是个被冷落不合群的孩子；大学时，他是个"心怀不满"、不被人喜欢的"流浪汉"。

不过，在不同的年龄段，他对孤独的感受也是不同的。他说：

　　　　我总是生活在寂寞之中，这种寂寞在青年时使我感到痛苦，但在成年时却觉得其味无穷。

这是因为当他功成名就的时候，过分的颂扬，频繁的信件交往，庞杂的社会兼职，使他感到负担沉重、心情厌倦；而清静与孤独则变成了优美的享受。

1955年4月18日，当他走完人生之路的时候，遵照他的遗嘱，在他的灵堂和火葬场上，没有公共集会，没有宗教仪式，没有音乐伴奏，没有花卉点缀。在把他的遗体送到火葬场火化的时候，随行的只有他最亲近的12个人，而其他人对于火化的时间和地点都不知道。

他生前不喜欢歌功颂德，他死后更需要宁静与孤寂——对他来说，这是受用无穷的美的享受。

但是，清静与孤独有时对他来说是难以实现的奢望。因为在他成名之后，许许多多人要聆听他的教诲，期望得到指点和帮助，以致这位一向喜欢孤独的伟人，每天要同大量朋友或陌生人交往。

有一次爱因斯坦赴英国讲学时，正赶上英国有关人士开会讨论如何安排从德国移民来的科学家的工作问题，爱因斯坦当场提议，最好让科学家去干一些诸

← 爱因斯坦

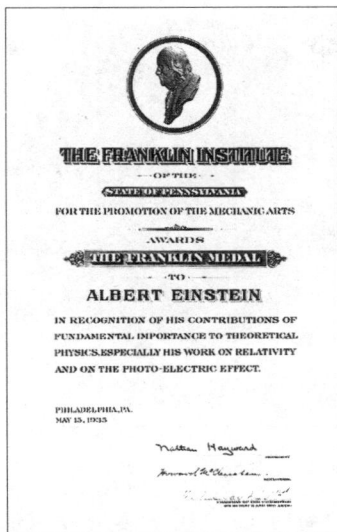

1935 年 5 月 15 日授予爱因斯坦的富兰克林奖证书

如看守灯塔之类的工作。

这并不是开玩笑，他提出这样的建议基于两点考虑：第一，他对清净、孤独的环境有着特殊的爱好。他认为，日常交往和生活琐事的烦扰，影响科学家们静心凝神地思考，在一人独处的环境中，有助于最大限度地发挥思维的潜力。第二，他对人们的谋生手段有着独特看法，这有点类似于神职人员为宗教事业而献身的那种情感。他认为，科学家应把自己所潜心研究的科学事业当作一生孜孜以求的最高理想和道德归宿，而不应当作赚钱藉以养家糊口的手段，他曾对自己的学生和助手说过，乐意干体力劳动，从事某种有益的手艺，比如制鞋手艺，而不想在大学教物理学挣钱。这些话表现出一种类似"宗教感情"的思想，认为像物理学是如此伟大和重要的事业，绝不可以拿它去换钱，最好是通过劳动，比如看守灯塔或制鞋的劳动去谋生。爱因斯坦的这种看法虽然很极端、很天真，但是却是人类属

1935年爱因斯坦获得的富兰克林奖章

性中神性的集中表现。

人，原本是一种有欲望、有道德、有理想和信仰的特殊的社会动物。有观点认为，这种特殊社会动物的属性是由兽性、人性和神性三种要素构成的。自身生存和繁衍等欲望是与生俱来的天性，与动物的相应习性无异，因此处于兽性层次；作为社会动物的人，一般都能自觉地接受社会道德和社会行为准则的规范，成为遵纪守法的人类社会成员，在自律性这一点上，人与一般社会动物（如蜜蜂和蚂蚁等）

以爱因斯坦为素材创作的雕塑作品

→ 爱因斯坦

颇为相似，但一般社会动物的自律性出自生物的本能，而人的自律性则起于道德的觉悟和文明的启迪，它是有意识的，因此，人的这种社会自律性称为人性；所以说人是一种不同于一般社会动物的特殊社会动物，其理由还在于，人类具有理想和信仰，它是一种超物质性的精神追求，因此称为神性。

人类属性中三种成分的比例，从整体上看，与人类的开化程度有关，它是历史的函数，因时代而异；在同一个时代，则与社会成员的受教育程度和修养程度有关，它是文化的函数，因人而异。如分别以百分之百的兽性、人性和神性为端点，可制成三维坐标图。

借助于这种观点，可以在一定意义上说明问题。

就爱因斯坦本人而论，他是一位有修养、有道德和有理想的科学家，因此，在个人属性的三维坐标图中，代表他本性的坐标点，一定在远离兽性端点、靠近人性和神性的端点的位置上，也就是说，他是一个脱离兽性，富于人性和神性的高尚的人。

应该说明的是，爱因斯坦厌倦尘世间的干扰，喜欢在孤独中探索自然的奥秘，从而表现了充分的神性；但这并不意味着，他有意与他人疏远，对世事冷淡，就是缺乏关心社会问题的热情和关心人类疾苦的人性。不是的，在他内心深处保持着神性和关心人性的完美的统一，他信仰自然的和谐与追求社会的和谐是一致的，他对自然的兴趣和对社会正义的兴趣与对社会的责任感是一致的。爱因斯坦探索世界的客观的理性、秩序性、规律性和因果制约性的结果，导致了他对合乎理性的社会制度的追求，从对宇宙和谐的强烈追求中派生出一种"对社会正义的强烈兴趣和社会责任感"。

不过，爱因斯坦内心深处神性和人性的统一，从他的外在表现看，似乎体现得并不那么圆满，这是因为两者在争夺他的时间和精力方面，存在着尖锐的矛盾，从而使自己在行动上

←思考中的爱因斯坦

难以两全。总的来看，他的思想过多地集中在超日常生活的理性思维方面，日常交往的减少使他对社会与他人的关心难以充分体现。对此，他本人也颇感遗憾，他说：

> 我对社会正义的强烈兴趣和社会责任感与我对接近人们和人类团体抱有明显的成见发生了矛盾。我向来是一匹拉单套轻车的马，我也不曾全心全意地献身给自己的地区、国家、朋友、亲人和家庭。所有这些关系引起我对孤独的向往，而且对摆脱这些关系和与外界隔绝的意向与年俱增。我尖锐地感觉到缺少理解和同情，这是由于孤独造成的。但同时我也感觉到和未来和谐地结合在一起。一个具有这样性格的人会部分地丧失同情心。但是，这个损失是

以不为种种意见、习惯和闲话所左右，也不为
把自己的内心平衡建立在不牢靠的基础之上的
诱惑所左右作为补偿的。

　　爱因斯坦这番话，既表明了他对社会正义的强烈
兴趣和对孤独的向往之间的内心矛盾，又表明他对自
身求全责备的严以律己精神。其实，他对人并不冷漠
相反却是很关心的，他对有求于他的人还是热情关怀、
竭诚相助的。对此，他的助手英费尔德倒是替他说了
公道话：

　　虽然只有物理学和自然规律才引起爱因斯
坦的真正激情，但要是他发现谁需要帮助并认
为这种帮助能起作用的话，他从不拒绝提供帮
助。他写过成千上
万封推荐信，为千
百个人出过主意，
一连几个钟头同疯
子谈话，因为疯子
的家人写信告诉爱
因斯坦，只有他一
个人能够帮助病

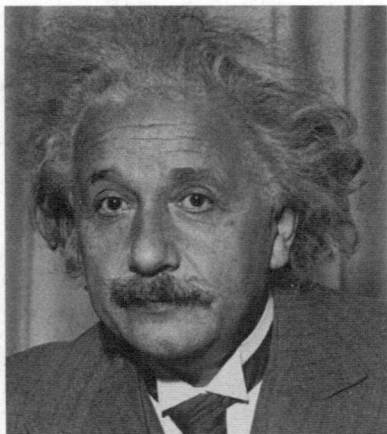

← 爱因斯坦

人。他善良、慈祥、健谈、面带笑容，但异常不耐烦地（虽然是暗中）期待着他将能重新投入工作的时刻。

由此可见，一个孤独的和向往孤独的研究家的性格和一个社会正义的狂热捍卫者的性格交织在爱因斯坦身上。当他与人们交往时（多半是被迫的），他热情、开朗、坦诚，但同时又急不可待地渴望离开交往圈（无论偶遇的交谈者，还是熟悉的亲人和朋友），复归自己的内心世界，重新囿于自己所向往的孤独。

→爱因斯坦教课时的情景

宇宙是完美的

在我们现代世界中，再没有第二种力量可以与科学思想的力量相匹敌。它被看成是我们全部人类活动的顶点和极致，被看成是人类历史的最后篇章和人的哲学的最重要主题。

——卡西尔

我信仰斯宾诺莎的那个在存在事物的秩序的和谐中显示出来的上帝，而不信仰那个同人类命运和行为有牵累的上帝。

——爱因斯坦

早在少年时代，爱因斯坦就怀疑《圣经》里的许多故事未必是真实的。虚幻的宗教的天堂在他的心中消失后，另一个令他困惑、神往的天堂在他心头悄然升腾，这就是科学的天堂。通往这个天堂的道路，并不是那么平坦笔直，那里没有朝圣的善男信女，也没有庄严悦耳的赞美诗；那是一条通往人迹罕至之处的曲折的攀登之路。独步这条崎岖小路的人需要有超人的忍耐孤独和失败的勇气，那条路通往一切功利主义

↑位于美国国家科学院宪法大道西南的爱因斯坦塑像

者望而却步的险境。

　　但是，爱因斯坦从没有因为走上这条道路而后悔过，他对科学的天堂有着真挚的宗教感情，他说："我信仰那个存在于事物的秩序和谐中显示出来的上帝，而不信仰那个同人类命运和行为有牵累的上帝。"

　　爱因斯坦坚信宇宙间存在着一种无时不有无处不在的"永恒的精神"，那就是显示于经验世界的高超的智慧，这就是他笃信的上帝。其实，他信仰的上帝不是别的，乃是自然规律。爱因斯坦所以珍视宗教信仰，是因为他认为人应该有信仰。他说：

　　　　一个人受了宗教感化，他就是已经尽他的

最大可能从自私的欲望的镣铐中解放了出来，
而全神贯注在那些因其超越个人的价值而为他
坚持的思想、感情和志向。

爱因斯坦认为，一般造诣较深的科学家都是有宗
教感情的人。这种宗教感情是科学研究的强有力的、
最高尚的动机。这种宗教感情表现在对自然规律和谐
的感叹与惊奇，以及由此激起的探索宇宙奥秘的热忱
和力量。由这种宗教感情衍生出一种相信世界在本质
上是有序的（合理性的）和可认识的意识，从这个意
义上讲，每个科学家都具有一定的宗教意识。

这里所说的宗教感情和宗教意识，并不是一般的
宗教感情和宗教意识，这里没有人格化的特征，也没
有拟人化的形象，更没有人造的教条。这是一种宇宙
宗教感情，拥有这种感情的人往往被同时代人视为无
神论者。

在爱因斯坦看
来，凡在科学上有很
高造诣的人，无一不
充满着宗教的信念，
"他们相信我们这个
宇宙是完美的，并且

←爱因斯坦

是能够使追求知识的理性努力有所感受的。如果这种信念不是一种有强烈感情的信念，如果那些寻求知识的人未曾受过斯宾诺莎的对神的

↑1940年爱因斯坦在普林斯顿家中

理智的爱的激动，那么他们就很难会有那种不屈不挠的献身精神，而只有这种精神才能使人达到他的最高成就"。

在爱因斯坦看来，开普勒、牛顿和普朗克都属于这类人物。这些人受宗教感情的驱使，终生不渝地探索自然界和思维领域的和谐秩序。我们认真地分析一下爱因斯坦的自白，便可进一步理解他的宗教感情的真谛：

我们认识到有某种为我们所不能洞察的东

西存在，感觉到那种只能以其最原始的形式为我们感受到的最深奥的理性和最灿烂的美——正是这种认识和这种感情构成了真正的宗教感情；在这个意义上，而且也只是在这个意义上，我才是一个具有深挚的宗教感情的人。我无法想象一个会对自己的创造物加以赏罚的上帝，也无法想象它会有像在我们自己身上所体验到的那样一种意志。我不能也不愿意去想象一个人在肉体死亡以后还会继续活着；让那些脆弱的灵魂，由于恐惧或者由于可笑的唯我

↑1955年拍摄的爱因斯坦的书房（在美国普林斯顿）

→爱因斯坦

论，去拿这种思想当宝贝吧！我自己只求满足于生命永恒的奥秘，满足于觉察现存世界的神奇的结构，窥见它的一鳞半爪，并且以诚挚的努力去领悟在自然界中显示出来的那个理性的一部分，即使只是其极小的一部分，我也就心满意足了。

在我看来，人类精神愈是向前进化，就愈可以肯定地说，通向真正宗教感情的道路，不是对生和死的恐惧，也不是盲目信仰，而是对理性知识的追求。

爱因斯坦的宇宙宗教感情，首先来源于对宇宙奥秘的向往和它的神奇规律的敬畏。他觉得科学家无论得到多么优美和谐的图像，都绝不会超出蕴藏在宇宙中的奇妙的秩序。其次，他的宇宙宗教感情还来源于对各种自然之谜的宗教式的狂热追求。

爱因斯坦正是这样一个理性至上的"宗教"信徒，

他说：

←爱因斯坦

我没有找到一
个比"宗教的"这
个词更好的词汇来
表达（我们）对实
在的理性本质的信
赖；实在的这种理
性本质至少在一定程度是人的理性可以接近
的。在这种（信赖的）感情不存在的地方，科
学就退化为毫无生气的经验。

←爱因斯坦并不注重外表

是个人的悲剧，还是科学的悲剧

我同意成功的机会很小……但是必须做出努力，……那是我的责任。

——爱因斯坦

对真理的追求，比对真理的占有更可贵。

——莱 辛

当我们满怀敬意地追述和评价爱因斯坦的生平和业绩之后，也不无遗憾地指出，这位质朴、谦和、宽厚的科学巨人，也有他若干不足之处。只是这些不足之处，往往被他高尚的人格和伟大的成就所掩盖，以致从来无人提起他治学作风和处世为人方面的问题，仿佛这样做就是亵渎圣贤的大不敬似的。其实，一个伟人的瑕疵长期存在，以致殃及事业和社

→爱因斯坦

会，究其原因除了有个人修养和天性等内因外，还有追星族和崇拜者们狂热的叫好声，为这伟人建立了一座无形的坚不可摧、密不透风的声音屏障，将他禁锢在断绝正常人视听的氛围中。因此，对于那些将他奉若神明一味吹捧的做法，笔者不愿苟同。

←爱因斯坦走在普林斯顿大学的校园内

这种做法在爱因斯坦生前就使他诚惶诚恐，在他过世后这么做也是大不敬的。

其实，在学术领域，爱因斯坦也并不是完美无缺的。

这里并不是指责他生前对一些科学领域的重大问题，一向没有过问。因为一个人的精力毕竟有限，不能苛求一个科学家接触各个科学领域，但是，在他专业所及的领域，甚至参与争辩的问题，固执己见，出现差错，那就不能不算作个人失误的问题。应该说，他有过失误，甚至对某些学术问题，也表现了像鲁迅先生当年否定中医中药的那种顽固性，比如，他对量子力学中的测不准原理的态度就是如此。

这里，笔者想指出的是，他在学术领域独来独往、一意孤行、刚愎自用的作风，给科学带来了悲剧。

爱因斯坦发表了狭义相对论和广义相对论之后，便将自己禁锢在书斋里，苦心孤诣地研究统一场。这是难度极大的艰深课题。

在爱因斯坦"两耳不闻窗外事，一心只钻统一场"的时候，窗外竟掠过量子力学、量子场论、原子物理学、原子核物理学和固体物理学的滚滚洪流。这些跨时代的物理学成就，对他潜心钻研的统一场论是很有借鉴意义的。在科学大潮中，爱因斯坦落伍了。一些老朋友为他脱离了物理学发展的主流而感到惋惜。著名物理学家玻恩说：这对爱因斯坦本人、对我们来说都是悲剧。因为他在孤独地探索他的道路，而我们却失去了领袖和旗手。

但是，爱因斯坦却矢志不移地坚持他的孤独的探索。其间，他遇到了困难。他研究统一场论所遇到的难题是在数学上，而不是在物理上。他像一个沦落在原始森林里的迷路人，整天在数学方程式里摸索。

有人曾问过他，对统一场论投入如此巨大目的何在，希望如何？他回答说："至少我知道99条路不通。"

"我同意成功的机会很小，"爱因斯坦说，"但是必须做出努力，……那是我的责任。"

他始终坚信对统一场论的研究是有意义的，他常以德国诗人、启蒙运动者和思想家莱辛的一句格言来鼓励和安慰自己：对真理的追求要比对真理的占有更可贵。

法国发行的带有爱因斯坦头像的钱币

　　应该说，统一场论不单单是有意义的，如果能够成功，它将是人类有史以来，堪称光芒万丈的科学理论。但它毕竟太艰难了，而且理论和实践基础都远未成熟，爱因斯坦付出如此巨大的努力，却依然不见起色，以致到了20世纪50年代中期，连他本人也产生了动摇和怀疑。在他逝世前不久，他不得不承认："统一场论是否能说明物质的原子结构、辐射和量子现象，似乎是可疑的。"

　　他虽然对统一场论有些动摇，但仍没有影响他继续探索的行动。在他身卧病床时，手里依然拿着铅笔和笔记本。

　　在他病势垂危时，他仍向医务人员索要眼镜和纸笔。这种生命不息工作不止的忘我精神，使他战胜对

→ 著名的普林斯顿大学

"If you are out to describe the truth, leave elegance to the tailor."

In 1931, with Thomas Mann, german democrat and novelist, Nobel Laureate for Literature.

爱因斯坦和德国作家托马斯·曼。1929年，托马斯·曼荣获诺贝尔文学奖。1933年希特勒上台，他撰文谴责法西斯对德国文化的歪曲和破坏。1938年移居美国。

死亡的恐惧，他以恬静的淡漠迎接死神。爱因斯坦对前来探病的神情沮丧的朋友们说：

"不要这样悲伤……每个人都是要死的。"

1955年4月18日，这位为理论物理学奋斗一生的科学战士，这位当代物理学的开拓者，与世长辞。他没能实现完成统一场论的梦想。这一梦想曾耗费了他几乎整个后半生的光阴。不知是他个人的悲剧，还是科学的悲剧，让我们用他所信奉的那句格言来安慰他吧：对真理的追求比对真理的占有更可贵。

宽宏博大的哲学家

爱因斯坦是以科学兴趣与思想方向的和谐一致而成为大自然研究者行列中的佼佼者。

——库兹涅佐夫

　　爱因斯坦不仅以他的狭义相对论和广义相对论博得科学巨匠的美称，而且还以他的精辟深邃的哲学思想和包容广泛的认识方法赢得了哲学家的殊荣。

　　说爱因斯坦是哲学家至少有以下两点根据：其一，他研究哲学命题。从表面看，他所研究的课题是属于理论物理学领域的，但是，他的每个选题都有明显的哲学背景。他一向把对课题所涉及的哲学背景的探索，作为他研究工作的出发点。由于他从研究工作开始便注意科学活动与哲学的联系，因而使其

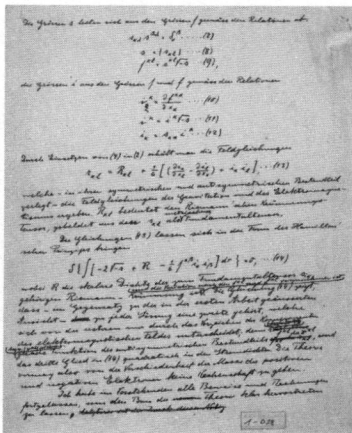

→爱因斯坦手稿

科学成果总是具有深远的哲学意义；其二，他具有哲人的气质。爱因斯坦早在上中学的时候，就如饥似渴地阅读课程之外的数学、物理与哲学书籍，13岁时就开始读康德的《纯粹理性批判》和其他哲学著作。在大学里，他读了

马赫的《力学史》，并深受其认识论观点的影响。爱因斯坦不仅具有哲学家的志趣，而且具有哲学家的头脑和气质。他不是站在哲学门槛之外去"玩"哲学，而是登堂入室地深入哲学腹地，像其他哲学家一样，隐居于被喧闹的生活所遗忘的僻静的角落里，孤苦地潜心于哲理的思考与探索。

在上述两个方面，爱因斯坦与一般哲学家是完全一样的，但是，在对待不同哲学派别及其观点的态度方面，爱因斯坦与一般哲学家又是截然不同的。

爱因斯坦是来自自然科学阵营的哲学家，这就决定了他对不同哲学派别和观点的态度不像一般哲学家那样执迷于一端，排斥异己之见。爱因斯坦是一位宽

→ 以爱因斯坦为素材的作品

容厚道的哲学家。说他宽容厚道，有如下两层含义：首先，他性情谦和，与人为善，有严以律己、宽以待人的雅量；其次，他在学术问题上谦虚谨慎、豁达大度，有博采众长、兼收并蓄的涵养。

经验论与唯理论是近代科学认识论中的两个极端的派别。这两个阵容强大、影响深远的对立派别，展开了难以调和、旷日持久的争论。

经验论认为，只有感性经验才是真正知识的唯一可靠的源泉，科学的概念、原理可以而且必须从经验材料中逻辑地推导出来。唯理论认为，感性经验是不可靠的，只有理性才是真正知识的唯一可靠的源泉，并且认为理性是一种近乎天赋的观念或才能，是人的意识所固有的，它不依赖于经验材料。

爱因斯坦在对待经验论与唯理论的矛盾问题上，绝不简单地归属于哪一种极端，而是采取了调和的态度和折中的做法，"摇摆"于其间，他明确地表示："爱因斯坦的见解……包含着唯理论和极端经验论的特征……"

他所以对经验论和唯理论采取这种摇摆不依的态度，是因为他清楚地看到绝大多数物理学家都是这样做的（不管他们口头上赞赏哪一派），物理学科也是这么发展起来的：当人们建构逻辑的概念体系时，绝不是凭什么意识中所固有的"天赋观念"主观随意架构，而必须力求将其概念尽可能地直接同经验世界联系起来。在这种情况下，人们的态度是经验论的。同时，人们也意识到，从经验材料到概念世界不存

← 爱因斯坦纪念壁画

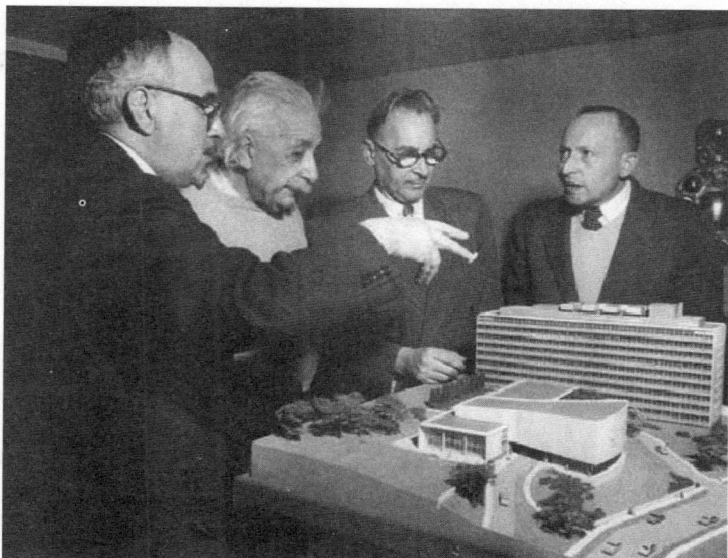

↑1954年爱因斯坦观看犹太大学学院模型

在逻辑的途径，或者说，概念体系具有逻辑独立性。在这情况下，人们的态度又趋近于唯理论了。

　　正是基于这种认识，爱因斯坦才反对把经验论与唯理论绝对化，而应该"摇摆"于经验论与唯理论之间。这种"摇摆"，其实就是人们的认识从不同角度或不同阶段去看，重心可能在经验论与唯理论之间发生转移。当人们强调理论要以经验材料为依据，并进一步接受经验事实考验的时候，重心在经验论上；当人们强调理论体系的逻辑独立性和某些基本原则的重要性以及试图从数学简单性中去寻求真理的时候，重心就在唯理论上了。

虽然，爱因斯坦关于在经验论与唯理论之间"摇摆"的说法，不如关于感性与理性辩证联系的提法贴切，但是从感性与理性在认识过程中的关系来看，理性离不开感性（理性的来源和检验），感性离不开理性（感性的升华和求质）；再从感性是认识的基础，理性是认识的飞跃这点来看，爱因斯坦的说法与辩证唯物主义的主张，有异曲同工之妙。

此外，爱因斯坦反对把经验论或唯理论绝对化，不同意固执一端的偏见，不仅体现了他在科学上的求实精神和知识力量，而且也体现了他在学术上的博采众长的谦虚精神和人格力量，尤其是他的关于从经验世界到概念不存在逻辑的途径的观点，颇有独到之处，值得进一步深入研究。

在人们建构理论或提出科学概念和原理的时候，除了要正确地处理经验论和唯理论的问题外，还涉及与此关联的唯

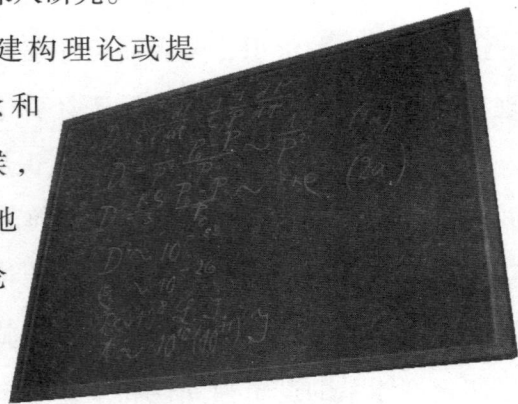

1931年爱因斯坦在牛津大学演讲相对论时使用的黑板。

→ 爱因斯坦铜像

心论与唯物论的问题。在处理这个问题时，爱因斯坦同样运用了他所惯用的不固执一端的、统一的和辩证的认识方法。

当他阐述如何产生科学原理的问题时，他的一系列言论，似乎带有鲜明的唯心论色彩。比如，他说："物理学家的最高使命是要得到那些普遍的基本定律，由此世界体系就能用单纯的演绎法建立起来。要通向这些定律，并没有逻辑的道路；只有通过那种以对经验的共鸣的理解为依据的直觉，才能得到这些定律。"他还说："在我们的思维和我们的语言表述中所出现的各种概念，从逻辑上来看，都是思维的自由创造，它们不能从感觉经验中归纳地得到。"在这些表述中所涉及的诸如"以对经验的共鸣的理解为依据""非逻辑性""自由创造"等，都是与通常所说的唯心论很贴近的词语。所谓"非逻辑性"，是指普遍原理不能由经验材料逻辑地推导出来，因而它是反经验的；所谓"自由创造"，是指思维在发现普遍原理过程中的重要作用，普遍原理是

　　思维"自由创造"的产物，这不仅是反经验的，甚至很难同唯心论脱离干系了。

　　但是，我们不能就此判定爱因斯坦是个唯心主义者。当他确信，独立的外部世界和这个世界的内在和谐是整个科学的基础，提出"一个希望受到应有信任的理论，必须建立在有普遍意义的事实之上"，并强调"从来没有一个真正有用的和深入的理论果真是由纯粹的思辨去发现的"，主张把"外部的证实"作为评价各种理论的依据的时候，又充分地体现了唯物论的精神。

　　其实，我们在唯心论和唯物论的问题上，对爱因斯坦做任何评价似乎都是徒劳的和无意义的，无论是毕恭毕敬地为他献上一顶"唯物主义"的桂冠，还是深恶痛绝地给他扣上一顶"唯心主义"的帽子，对这位先哲都是一种强加的亵渎。因为就爱因斯坦的秉性而言，只要能为

← 1941年，爱因斯坦的小提琴演奏会。

← 爱因斯坦被列入杰出的美国人系列邮票

他扫清探索真理道路上的障碍，他就可以采纳各种有用的思想和观念，而不理会贴任何哲学派别的标签。

正因为如此，爱因斯坦才公开承认他的见解包含着唯理论与极端经验论特征，并且强调了在这两个极端之间摇摆的不可避免性；正因为如此，爱因斯坦才在建构理论的过程中，不躲避归附唯心论或唯物论的嫌疑，恰如其分地处理主客观的关系；也正因为如此，爱因斯坦才宁愿做"一个肆无忌惮的机会主义者"，而不愿做一个囿于某个固定体系的认识论者。

这说明爱因斯坦对待认识论的态度是科学的、求实的，这种态度只取决于认识论对科学的指导作用，而不考虑任何人为的因素，既摆脱门派之争又摈弃个人好恶。他主张科学家应根据当代科学发展的实际需要，来确定和选择认识论原则。只要对解决科学问题有利，各种认识论中的合理观点和思想都可以兼收并蓄，而不必像墨守成规的认识者那样僵化，过于拘泥于某一个认识论体系。由此可见，爱因斯坦所倡导和应用的认识论体系的突出特点就在于它的开放性。

爱因斯坦的认识论体系的开放性表现在三个方面：第一，他接触了许多派别的认识论思想，受到不少哲学家的有益影响，并把这些影响带入自己的方法论中；第二，他在经验论和唯理论之间"摇摆"，积极协调二者的关系，从而实现某种形式的结合；第三，他在理论建构过程中，一面强调非逻辑性的"自由创造"的决定性，一面又强调"逻辑演绎"和"外部证实"的重要性，从而实现主观和客观相结合。

爱因斯坦的认识论体系，具有鲜明的时代的和辩证的特点：它的时代特点，是指它对各种哲学派别的方法论的包容性，使其

爱因斯坦尽管每天工作很忙，但仍会抽出一定时间散步，节假日还要出外旅游或划船。爱因斯坦的这种爱好，不单是从兴趣出发，而是为了提高学习效率。

→美国物理学家拉姆齐与爱因斯坦

具有认识方法的多样性，充分地反映了20世纪自然科学发展的时代精神；它的辩证特点，是指它将传统观念中的对立思想和观点融合在科学实践中，使其相辅相成、各得其所、各尽其用，充分体现辩证统一思想。

爱因斯坦的认识论之所以没有恪守任何一种哲学传统的框架，还在于他所面临的研究课题特别复杂，不允许他做一名脱离实际、坐而论道的经院式的哲学家。在他向未知领域进军的途中，绝不可能指望有一种像方向盘定向那样准确可靠的方法，他得多方面借鉴、多方面吸取，在向真理逼近的过程中，同时也在不断完善认识真理的方法。正如爱因斯坦所说的那样："现代物理学正在走这一步，而且将来还会走这一步，但它不是笔直地而是曲折地，不是有意识地而是自发地走向唯一正确的方法和唯一正确的自然科学的哲学，它不是清楚地看见自己的终极目的，而是摸索着接近这个目的；它动摇着，有时候甚至倒退。现代物理学是在临产中。它正在生产辩证唯物主义。"

爱因斯坦这句至理名言，也是他艰辛孤苦地探索科学真理的经验之谈。处于产育之苦的现代自然科学，亟待来自哲学方面的助产。现代自然科学的发展呼唤符合时代精神和辩证思想的哲学家，而爱因斯坦就是这样一位哲学家。

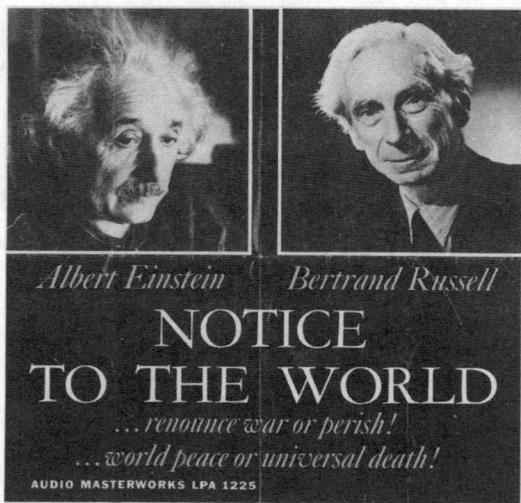

Albert Einstein　　Bertrand Russell

NOTICE
TO THE WORLD
...renounce war or perish!
...world peace or universal death!
AUDIO MASTERWORKS LPA 1225

1955年7月9日，英国著名哲学家罗素（B. Russell）在伦敦公布了由他亲自起草、包括爱因斯坦在内的其他10位著名科学家联名签署的《罗素—爱因斯坦宣言》。宣言结尾写道："鉴于未来任何世界大战必将使用核武器，而这种武器威胁着人类的继续生存，我们敦促世界各国政府认识并且公开承认，它们的目的决不能通过世界大战来达到。因此，我们也敦促它们寻求和平办法来解决相互间的一切争端。"

一颗永不陨落的巨星

> 自由的人最少想到死，他的智慧不是
> 表现在对死，而是对生的研究中。
>
> ——斯宾诺莎

在爱因斯坦的垂暮之年（大约从20世纪40年代开始），常流露出一丝淡淡的哀愁和忧伤。这种情绪与一个多愁善感的人在寂静的黄昏所常有的那种平静的凄哀颇为相似。

这种情绪纯属于情感方面的，与理智世界并无关系。当一个人惋惜一天已经过去了，时光永远不会逆转，惋惜今天的我已成过去，人生不可复归的时候，总难免有些惆怅和忧伤。不过，爱因斯坦对于正在消逝的个人生命的忧伤是宁静的、清明的，甚至还带点诗情画意。

此外，爱因斯坦所以产生这种忧伤的情绪，还

→爱因斯坦

"Only two things are infinite, the universe and human stupidity, and I'm not sure about the former."
Albert Einstein

Albert Einstein in 1893 as a 14 year old child

Mileva Maric and Albert Einstein

Albert Einstein in 1921 Nobel Prize

Albert Einstein in 1904 clerc at the Patent Office in Bern

Albert Einstein in 1947

有两个附加的原因：一个是因为他的亲人和朋友，如艾尔莎、埃伦费斯特、朗之万和玛丽·居里等人相继逝世，不仅使他失去了一些诚挚的理解和支持，而且使他感到"存在"的东西会骤然失去的世事无常的威逼；另一个原因是，他潜心研究的统一场论遇到了困难和挫折，使他无法解释他所笃信的宇宙的和谐，同时社会现实也令人失望，使他难以看到道德的和谐。

在研究爱因斯坦暮年心态和情绪的时候，有人也许会提出这么个问题：他的忧伤是否与他对待死亡的态度有关呢？其实不然，爱因斯坦并不惧怕死亡，甚至可以说他对个人的死是不太在乎的。有一次，一位

来访者问他："您在临死之际会如何回答这样一个问题：您的一生是成功的还是虚度的？"爱因斯坦并不介意问题提得唐突，他坦率而又诚恳地回答："无论在临死之际还是临死之前，这类问题都不会使我感兴趣……我不过只是自然界的微不足道的一小块东西罢了。"

1916年他得了一场重病，差一点儿死了。他的朋

← 1979年2月的《纽约时报》

　　爱因斯坦也有自己喜欢的明星，比如玛丽·碧克馥。
他还非常推崇卓别林的电影。一次，他在给卓别林的一封
信中写道："你的电影《摩登时代》，世界上的每一个人都
能看懂。你一定会成为一个伟人。"卓别林在回信中写道：
"我更加钦佩你。你的相对论世界上没有人能弄懂，但是你
已经成为一个伟人。"

友海德维希·玻恩探病时同他谈到死的问题，问他怕不怕死？他平静地回答："不，我同所有活着的人是融为一体的，所以在这无穷无尽的人流中个别的成员开始了和终结了，我看都无关宏旨"。

　　爱因斯坦的这番话，正是他的心灵和思想要同人类融为一体的深厚情感的表现。这不是玩笑，也不是空话，而是一种超凡脱俗、甚至是超越"个人的"思想境界。这种同群体融合的思想境界，正是他一生在探索自然规律过程中逐步形成的。因为他意识到在人类向科学进军的征途中，他曾留下了足迹，他将生命

　　爱因斯坦在新泽西州普林斯顿的住所。爱因斯坦在去世之前，把房子留给了跟他工作了几十年的秘书，并且强调："不许把这房子变成博物馆。"他不希望把默谢雨街变成一个朝圣地。他一生不崇拜偶像，也不希望以后的人把他当作偶像来崇拜。

← 爱因斯坦在普林斯顿时

融合在行进队伍的滚滚洪流中，在那里使个人的生命获得了"永生"。因此，他忘掉了死亡，忘掉了对死亡的恐惧，当别人同他谈及此问题时，他也就能泰然处之。

在一次同自己的学生英费尔德的谈话中，爱因斯坦谈了对死亡的看法，他说："……我珍爱生命，但如

果我知道过3个小时我会死，这不会对我产生多大的影响。我只会想，怎样更好地利用剩下的3个小时。然后，我就会收拾好自己的纸张，静静地躺下，死去。"

　　爱因斯坦的这种对死亡泰然处之的态度，与从前一位思想家伊壁鸠鲁不畏惧死亡的想法和做法颇为相似。伊壁鸠鲁在谈到不要对死亡恐惧时说："当我们存在时，没有死亡，当有死亡时，我已不存在。"在他本人快死的时候，坐进热澡盆，要喝浓郁的醇酒，并在临终的信中把死去的一天称为自己最幸福的一天，因为他的脑海中充满了关于哲学推论的回忆。

　　1955年4月13日，爱因斯坦感到不舒服，特别是腹部右侧痛得很厉害，经诊断确认是主动脉瘤，医生建议

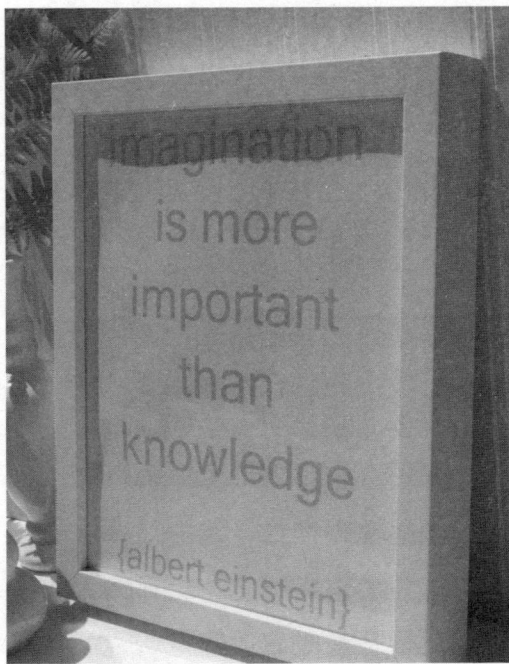

→爱因斯坦名言

他手术，但他拒绝了。

1955 年 4 月 17 日夜里，助理护士罗素小姐走进爱因斯坦的病房，发现他在睡梦中呼吸困难，便想找医生来急救，正要出门的时候，听见病人用德语说了几句话。护士小姐转身走近他的床边，想听听他说些什么，就在这一瞬间，这位科学巨人溘然长辞了，享年76岁。

← 爱因斯坦

爱因斯坦的那颗"伟大的心"停止了跳动，意味着一个天才的"完人"的光辉的一生获得了定评，一颗"疯狂"的巨星在人类文明的星空中获得了"永恒"。

说他是个天才，那是因为天才的一生，实现着，概括着，拓展着人、人的存在和人的生命的概念。天才的一生总是把人的理想体现在最普遍的形式中，人的理想在最普遍的形式中表现得越充分，那么人的生命和理想就越发放射出灿烂的光辉。这里所说的"最

→ 爱因斯坦去世时媒体的报道

普遍的形式"，就是人们对真理的追求，对世界图像的探讨，对外在自然和内在自然（人的自身）的人化，就是对人类总体文明的积累、扩展和光大。从这个意义上讲，爱因斯坦的一生堪称天才的一生。

　　说他是个"完人"，那是因为"完人"本质上是同传统的"显然性"——被人们奉若神明的金科玉律决裂的叛逆。20世纪是科学技术突飞猛进，传统科学理论不断被刷新的伟大的时代。生逢这个时代，一个科学家同传统教条和教条主义决裂得越彻底，就越有资格荣获崇高的"完人"称号。爱因斯坦在同传统的"显然性"决裂方面，为科学界树立了楷模，他以其科学思想和科学成果，为人类提供了一幅关于空间和时间、宇宙及其演化、宇宙的最小元素的观念的一般世界图像，并使之成为生产科技进步和思维方法进步的动力和源泉。

说他是颗"疯狂"的科学巨星，那也是同他与传统科学的"显然性"决裂的程度相关联的。"疯狂"二字是玻尔在评价海森堡的基本粒子统一理论时提出来的，他说："不容置疑，一种疯狂的理论摆在我们面前，问题在于，要成为正确的理论，它是否足够疯狂。"

玻尔这一悖论恰好反映了20世纪的科学现状。这是一个同传统观点彻底决裂的"疯狂"时期，这是科学向反常的、"疯狂的"观点转变的时期。在这个时期里，有幸获得"疯狂"的光环的科学巨星的，不是凭他知识拥有量的多少，而是看他为科学增添前人所未知的新知识的多少。

1936年7月3日在纽约沙拉纳克湖，爱因斯坦靠在船的桅杆上。

海涅曾经说过，站在巨人肩上的侏儒比巨人看得远，"但在他身躯里缺少一颗跳动着的伟大的心"。这句至理名言说明，天才的模仿者虽然比天才知道得多些，但他们却没有为科学增添过前人所未知的新知识。他们与科学巨星产生这一本质性差别的原因，在于他们的思想情感中缺少"疯狂"的精神。而当20世纪的科学从牛顿观念向爱因斯坦思想过渡的骤变中，人们看到了这种"疯狂"精神。爱因斯坦是一颗璀璨的"疯狂"的科学巨星。

说他是一颗在人类文明的星空中永远闪烁的恒星，那是因为在创造人类文明的过程中，他曾留下了不朽的业绩和人生。

→爱因斯坦雕塑

←爱因斯坦70岁生日时

　　这里涉及人的不朽，爱因斯坦本人对此问题有过精辟的见解，他认为："死去的我们将在我们共同创造的保留于我们身后的事物中得到不朽。"

　　对于人的不朽的问题，居里夫人也有着颇为相似的看法，在她的回忆录中有这么一段生动的记载：

　　　　每一个人都不愿意避开这样一种想法：跟随他死亡后非存在将要来临。空空如也的概念是人们难以忍受的，于是便企图在一个神或许

多神恩赐的阴间生活的信仰中获得安慰。我本质上是个现实主义者，我甚至在非常年轻时就抛弃了这种软弱的，并且是毫无根据的信仰。以至在后来长大时，当我想到死的时候，我才明白自己面对的是一个深刻的人的和世俗的问题。难道永恒——这不是把我们同在我们之前存在过的东西和人们联系起来的活生生的、感觉得到的链条吗？如果你们允许的话，我可以告诉你们一件往事。

　　少年时代，我在晚间做功课。做着做着，我突然摸到一座锡烛台——一个古老的传家宝。我停住笔，思潮起伏。阖上眼皮，我仿佛

科学家的晚餐，这些科学家你都认识吗？从左至右：伽利略，居里夫人，奥本海默，牛顿，巴斯德，斯蒂芬·霍金，爱因斯坦，卡尔·萨根，爱迪生，亚里士多德，尼尔德格拉斯·泰森，理查德·道金斯，达尔文。

看见一幅幅图画（它们的见证人就是这座烛台）：在快乐的命名日，由于打碎一个瓶子的过失，怎样在地窖中度过漫长的一天，人们怎样整夜围坐在死者的身旁。我觉得，我感觉到在许多世纪中握过烛台的热乎乎的手，我看到一张张面孔。我感觉到了一大群已经消失的人们的巨大支持。当然，这是一种想象，但是烛台帮助我回忆起那些多已不存在的东西，我看出它们还活着，而我也终于摆脱了对不存在的恐惧。

每一个人都在地球上留下不可磨灭的痕迹，就好像篱笆树丛和石头台阶一样。我喜欢遭受无数双手抚弄而茂繁的树丛，我喜欢被无数双脚践踏仍然屹立的石阶，我爱我的古老烛台。它象征着永恒……

爱因斯坦与居里夫人在对人的不朽的问题的看法上有一个相同点：那就是人的不朽是通过物来体现的。为什么物能表现人的不朽呢？这是因为在人的一生中，总是通过劳动，不断地将自己的意志、智慧、思想和感情转移并潜藏于造物之中；然后再通过作为人的本质力量客体化的造物，又将人类所独有的意志、智慧、

→以爱因斯坦为素材创作的漫画

思想和情感，从一个人转移至另一个人或一些人。这样一来，纵然某一个人离开人世，然而通过他生前劳动所创造的成果，保持死人与活人之间的世世代代的联系，使之成为生活永恒性的标志和见证人。所以，无论是先人生活过的舞台，比如，古代建造物的残垣断壁，发亮的栏杆以及磨损的台阶等；还是祖先用过的工具，比如，一个生锈的铜壶和一支古老的锡烛台等；抑或是人类智慧外化所成的精神产品，比如书刊著作、理论观念、学术思想等，都作为某个或某些人曾在这个世界生存过的见证物和人生不朽的承载物而流传于后世。

这么说来，当人们生活在整体中的时候，同时也就将他个人永远地保存在为整体所做的贡献中了。正如德国伟大的诗人席勒在一首诗中写的那样："你怕死吗，你幻想生命不朽吗？生活在整体中吧！……"

凡在人类整体中生活过的人，作为他（或她）个人存在的痕迹永远也不会被磨灭，而那些凝聚着他的具有个性特色的痕迹，使其意志、智慧、思想和情感，依然活在受其影响的生者心中。人的生命的不朽，正是从这个意义上讲的。

爱因斯坦在其一生实践中，充分地证明这种人生不朽的说法。无论是他传世的狭义相对论和广义相对论，还是他生前尚未完成的统一场论，不仅带有鲜明的个人特征，而且还具有被后世认同的普遍性。通过这些杰出的科学成就，在人类的记忆里既完整地保存着他的物理学理论内容，又珍藏着他的个人生活、思想情感、举止行容和道德风范。这颗巨星的智慧的光焰早在20世纪初就喷薄四射，只是识才的人太少了。但是，独具慧眼的人并不是没有，只是能赏识他才能的人本身就该是才能大抵与他旗鼓相当的著名科学家。

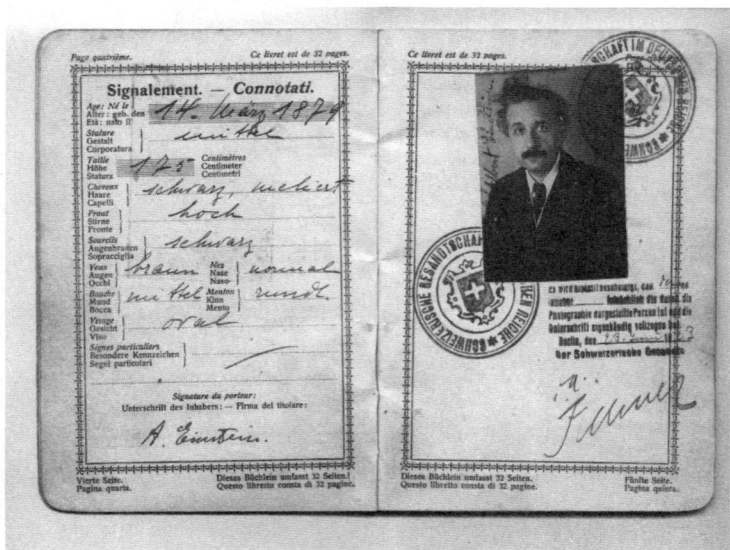

← 爱因斯坦是拥有瑞士和美国双重国籍的人

正如1905年狭义相对论发表后依靠科学界知名人物的赞赏而获得社会普遍认同一样，广义相对论也是仰仗着科学界的贤达的竭诚支持才在学术上取得它应有的地位的。比如，居里夫人、普朗克、彭加勒、奈斯特和爱丁顿等著名科学家都是爱因斯坦的热情支持者。他们在狭义相对论发表之后，广义相对论问世之前，就曾以各种方式支持和推荐爱因斯坦。

1911年11月17日，居里夫人在一份推荐书中写道：

我非常钦佩爱因斯坦先生在现代物理学有关问题上所发表的著作，而且，我相信所有的物理学家一致认为这些著作是最高级的……我认为，一个科学研究机构，若以爱因斯坦先生应得的条件聘请他为教授，使他有机会从事自己所渴望的工作，仅仅由于这一决定，就能够受到高度的尊敬，而且肯定对科学也做出伟大贡献。

1913年，著名科学家、量子理论的先驱者普朗克，在申请接纳爱因斯坦为柏林科学院正式院士的建议书中写道："爱因斯坦先生是我曾经认识的最富创见的思想家之一。他虽然年轻，却已经在当代第一流科学家中间居有最崇高的地位。"

不管人们对爱因斯坦本人的看法如何，凡是对学术不持偏见的公正的科学家，对他在学术上的卓越贡献都是有口皆碑的。

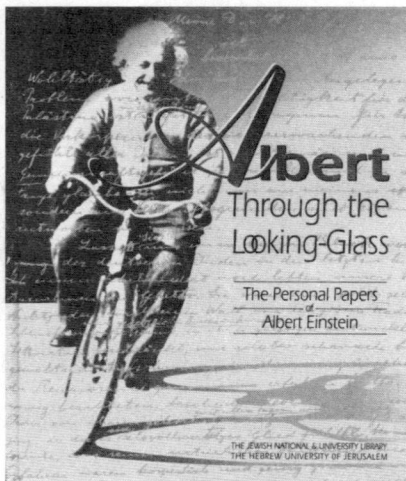

← 爱因斯坦的相关传记

"在我看来，他将是古往今来最伟大的理论物理学家之一。"（玻恩语）

"古往今来最大的科学家。"（施特劳斯语）

"一个其思想对世界变化做出了超过任何其他人的贡献的科学先驱者。"（海森堡语）

"一切时代的科学巨人。"（米切耳莫尔语）

"在其生前就被公认为人类历史上最有创造性才智的人。"

"人类宇宙中有头等光辉的一颗巨星。"（朗之万语）

——这些都是对爱因斯坦的公允而贴切的评价。